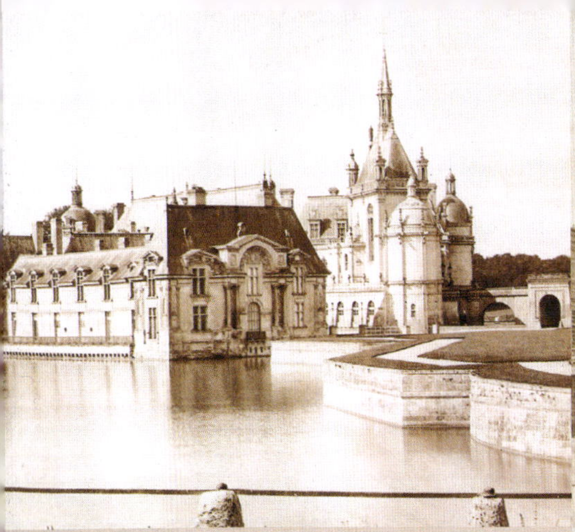
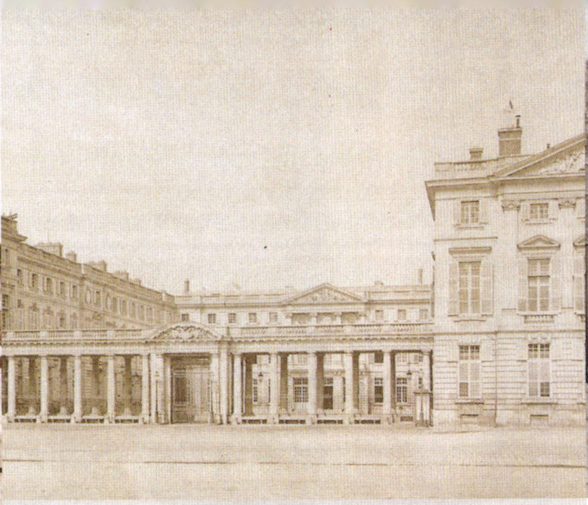
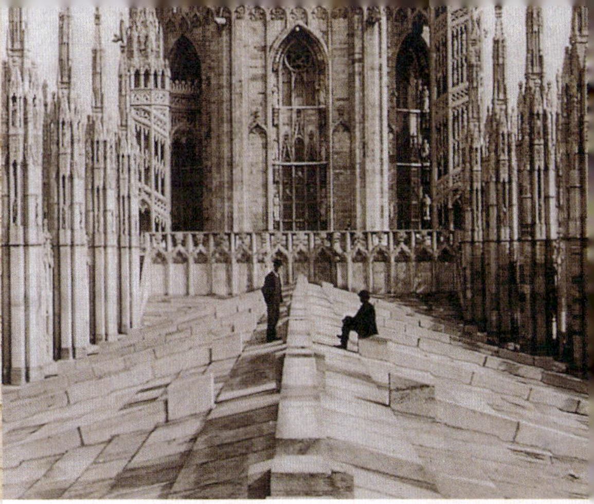
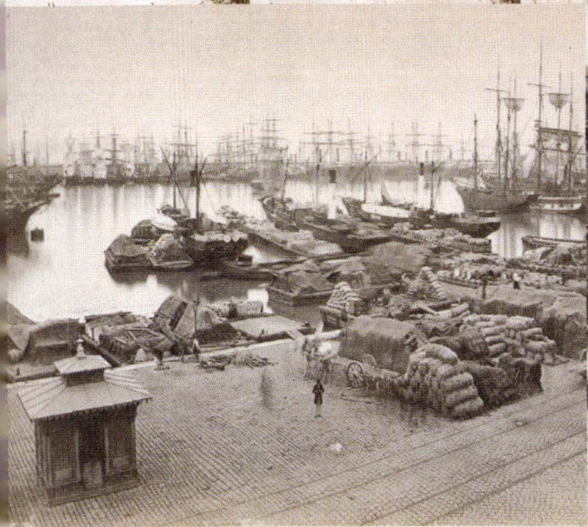
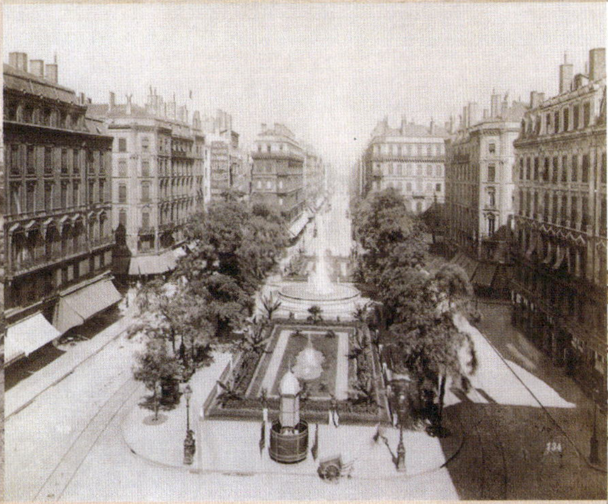
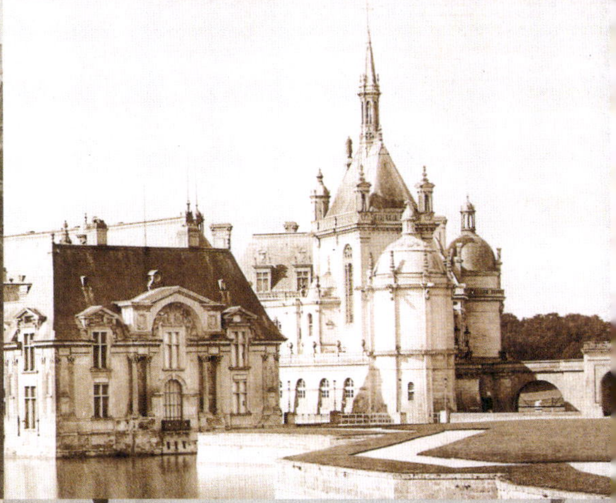
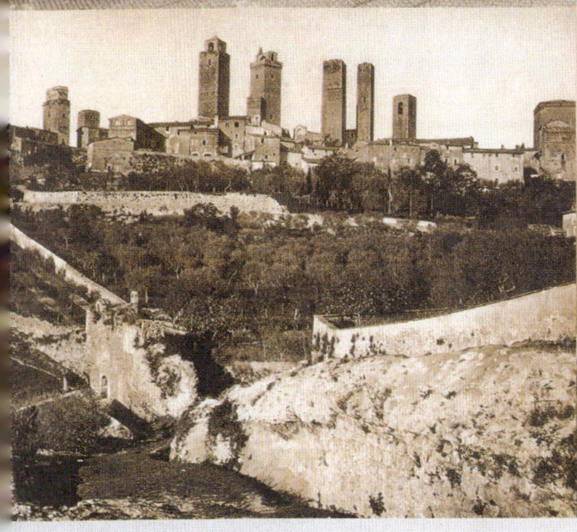
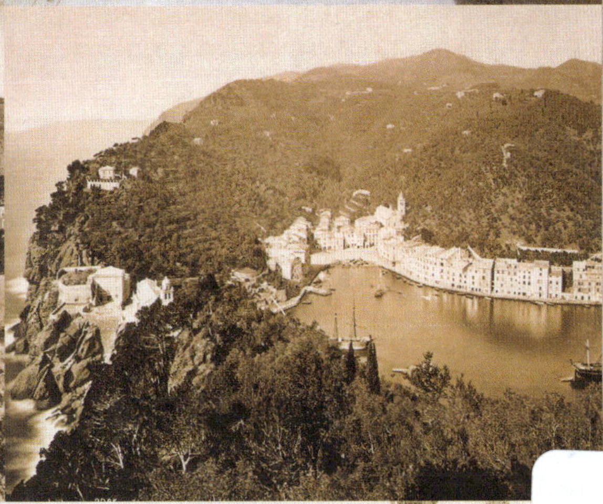
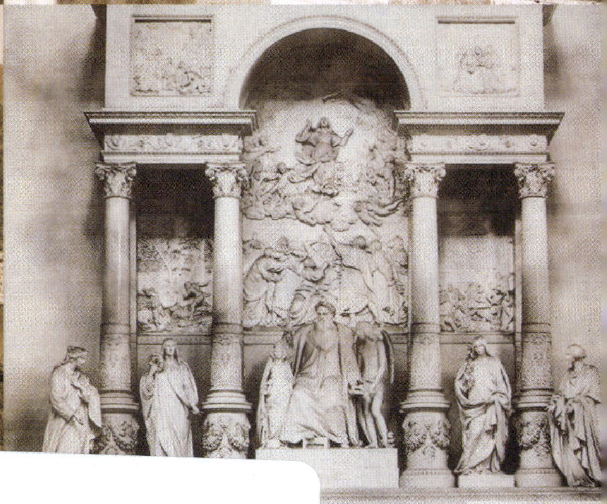
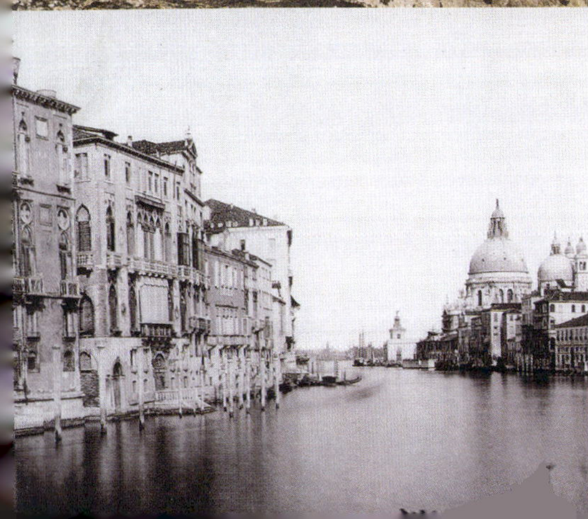
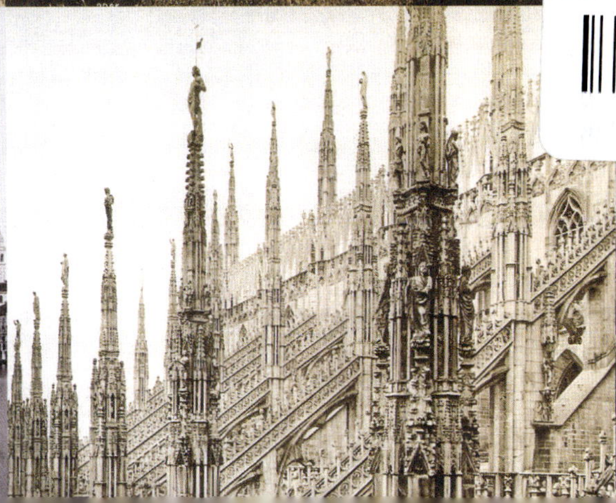

Parigi

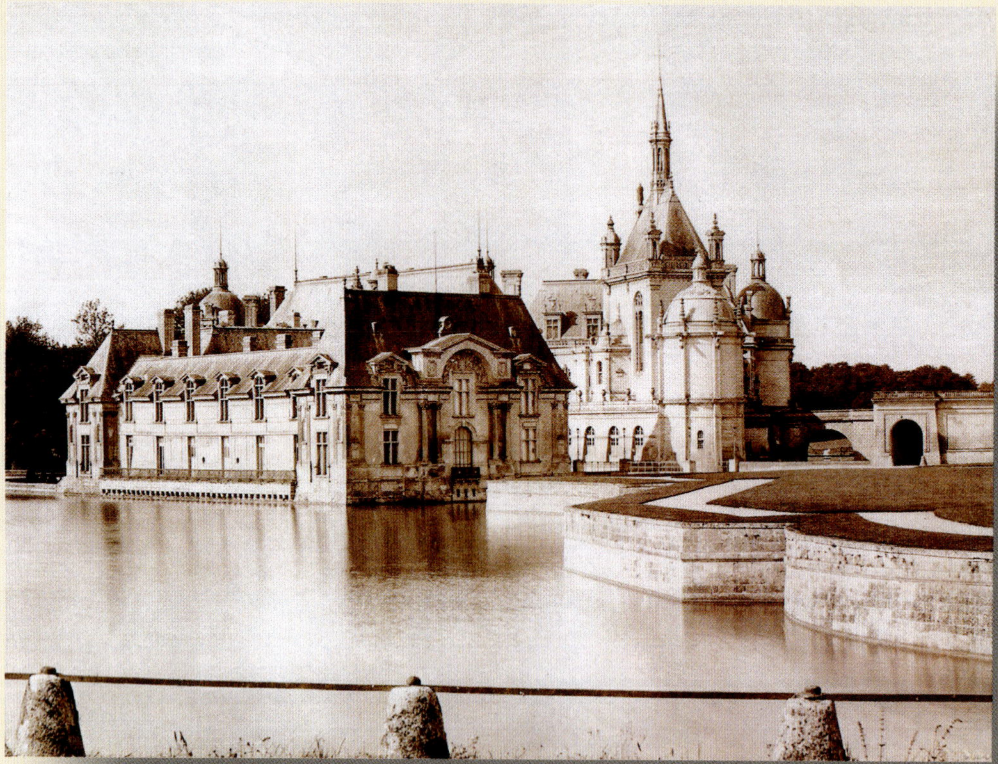

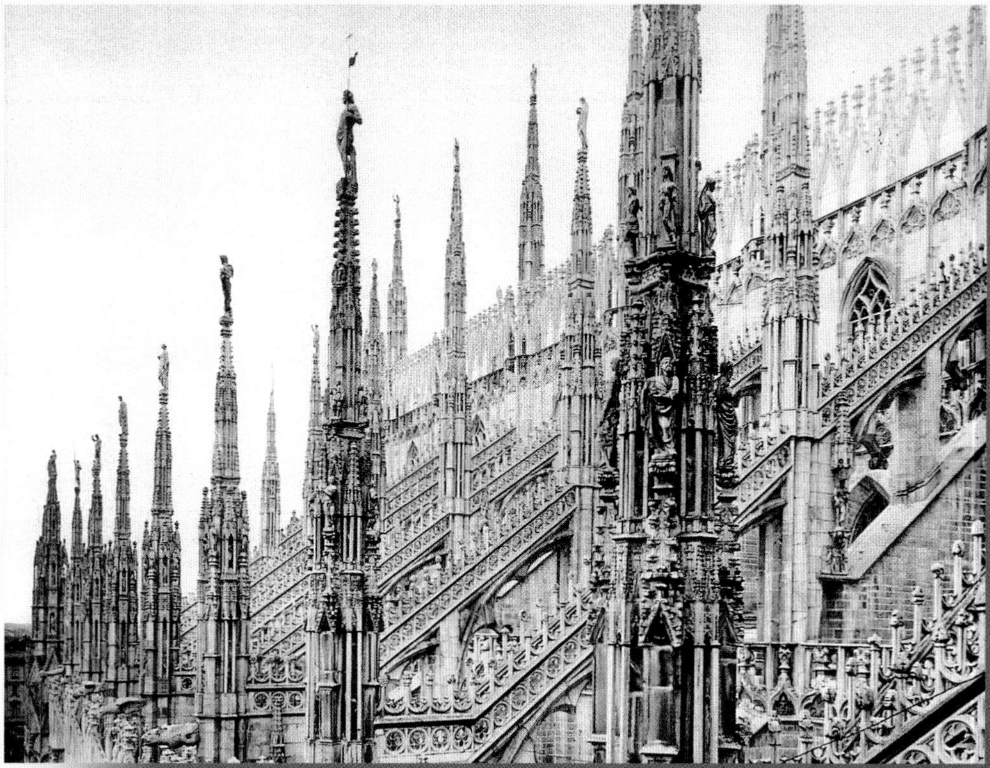

DBA

PAR

Fotos: Romulo Fialdini ～ *Texto: J. A. Dias Lopes*

Editor
Alexandre Dórea Ribeiro

Editora executiva
Adriana Amback

Fotos
Romulo Fialdini

Texto
J. A. Dias Lopes

Design
Victor Burton

Assistente de design
Ana Paula Brandão

Revisão das receitas
Rose Peinado

Revisão de texto
Norma Marinheiro

Produção gráfica
Rubens Amatto

Fotolito
Bureau Bandeirantes

Impressão
Gráfica Salesiana

Copyright © 2002 da apresentação by Rogério Fasano
Copyright © 2002 dos textos by J. A. Dias Lopes
Copyright © 2002 das receitas by Eric Berland
Copyright © 2002 das fotos by Romulo Fialdini

Os direitos dessa edição pertencem à
DBA Dórea Books and Art
al. Franca, 1185 cj. 31/32
01422-001 São Paulo SP
tel.: (11) 3062 1643
fax: (11) 3088 3361
dba@dbaeditora.com.br

Reservados todos os direitos desta obra. Proibida toda e qualquer reprodução desta edição por qualquer meio ou forma, seja ela eletrônica, mecânica, fotocópia, gravação ou qualquer meio de reprodução, sem permissão expressa do editor.

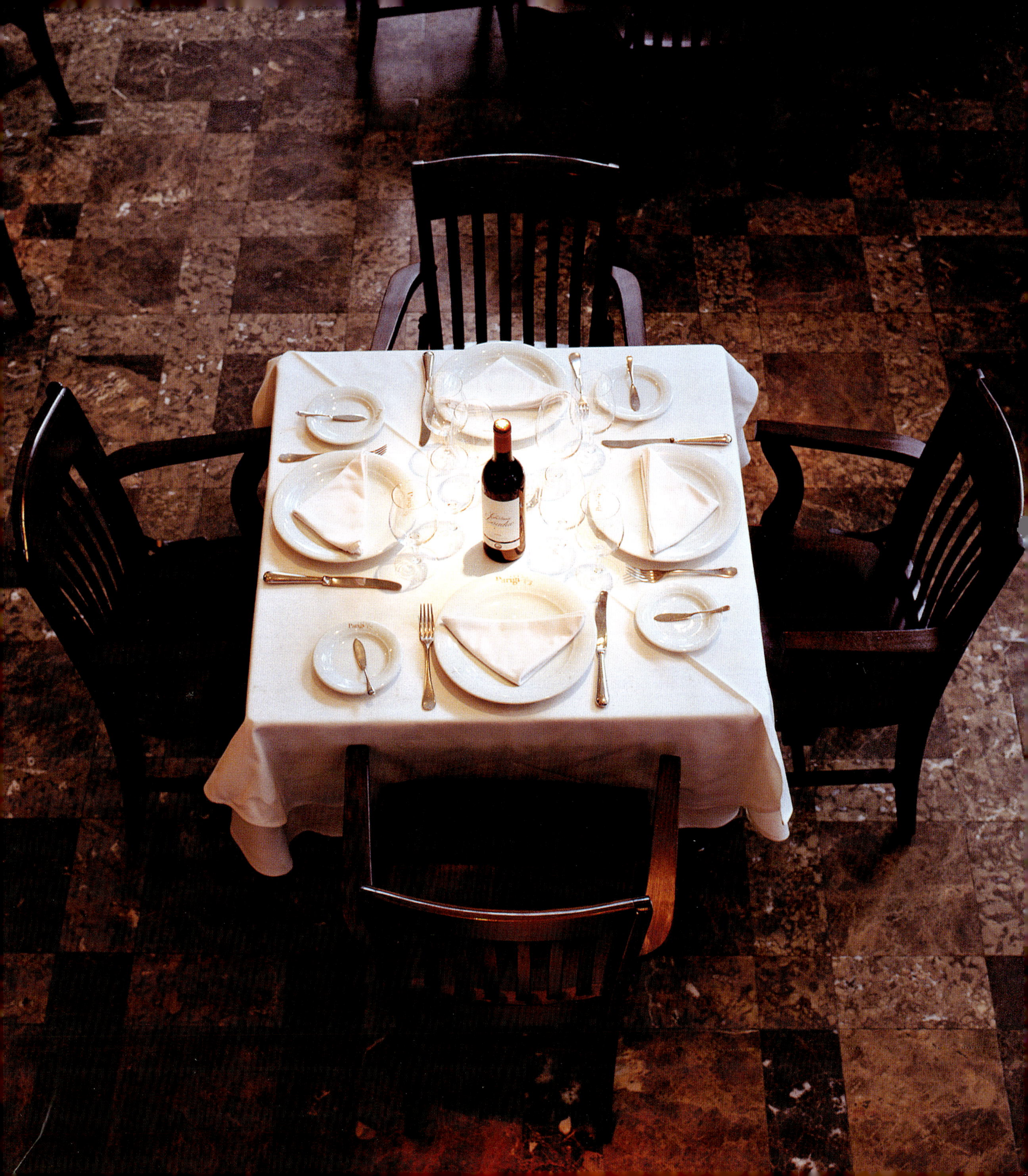

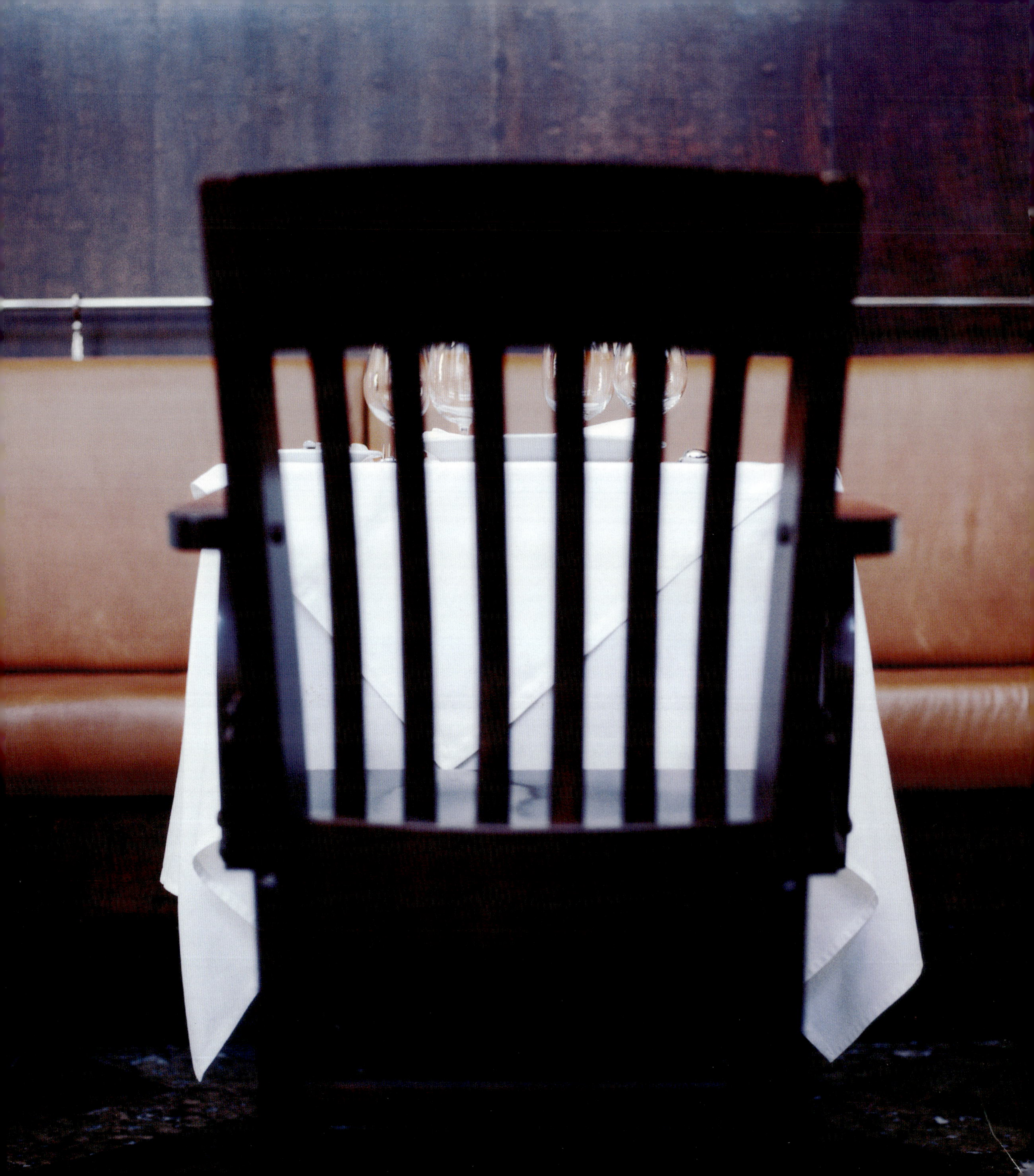

SUMÁRIO

A quem possa interessar
9

Duas histórias na mesa
29

As receitas
39

Antipasti
40

Minestre e polente
55

Paste e risotti
58

Pesci
70

Carni e poltrami
78

Dolci
116

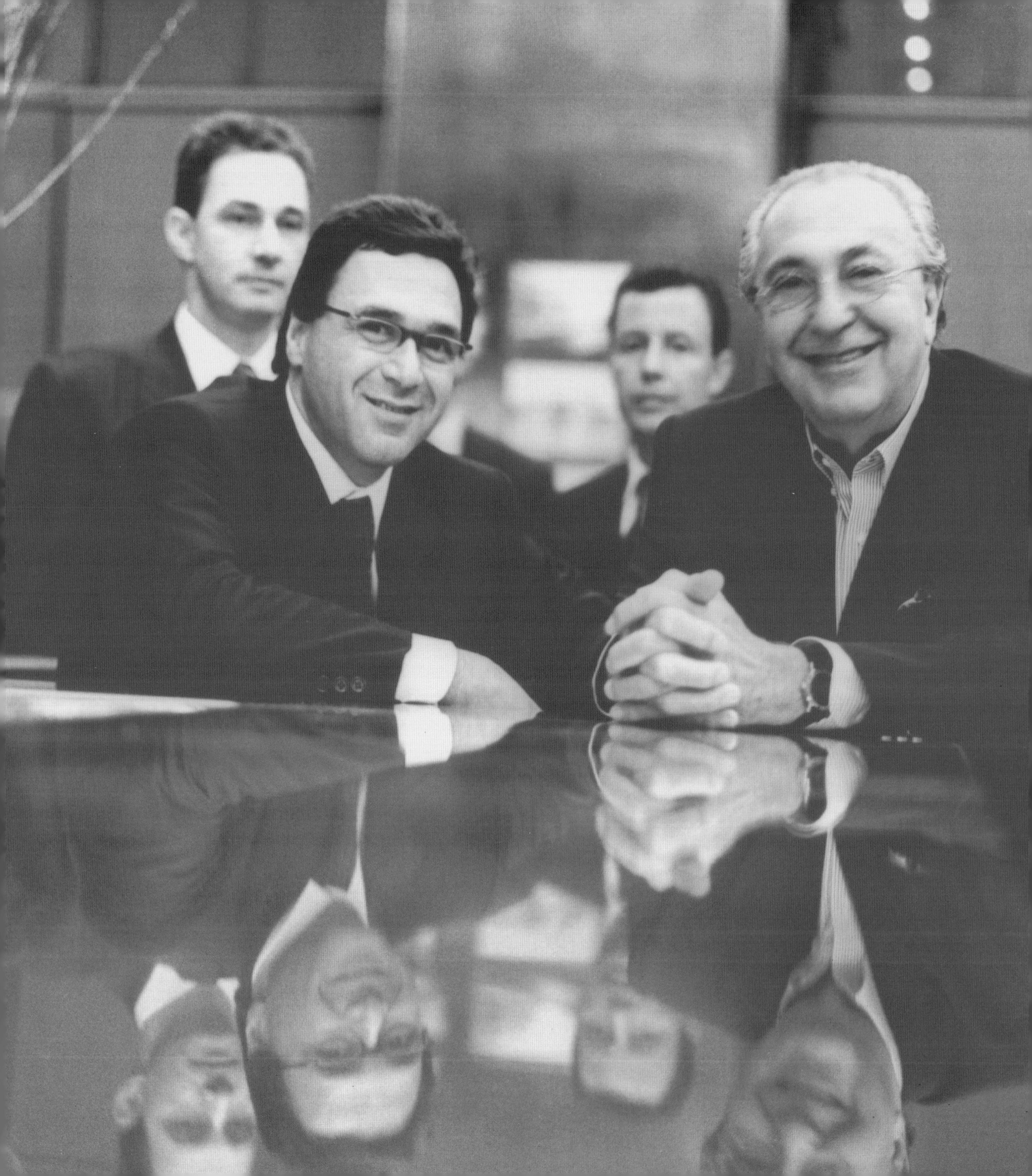

A QUEM POSSA INTERESSAR
Rogério Fasano

O Parigi nasceu, devo confessar, de uma inquietação que sempre me levou a duas perguntas básicas: por que todos os restaurantes franceses da cidade servem massas e risottos e são considerados franceses? E ainda, por que todos os chefs franceses que por aqui desembarcam trazem na bagagem a obrigação, quase que por religião, de fazer uma cozinha francesa com o casamento de ingredientes brasileiros? Aonde a pupunha, o caqui, o quiabo etc. se encaixam neste universo? Obviamente, não se trata de culinária francesa, mas sim da culinária hoje chamada de autor, da qual, confesso, quanto mais o tempo passa, mais desconfiança tenho. ~ A cozinha clássica francesa é, sem dúvida, uma das melhores do mundo, fora o fato de o francês ser o povo mais talentoso para fazer restaurantes que conheço. Tinha a sensação de que este tipo de restaurante estava desaparecendo do cenário paulistano, só se falava em trattoria. Certamente isso seria um desperdício. Mas acho que os novos chefs franceses, ao recusarem a trabalhar seus clássicos, mesmo sem perceber, estavam desvalorizando a própria cultura, deixando o meio-de-campo livre, sem marcação, para que a Itália tomasse conta do cenário. ~ Já que somos italianos, formamos uma espécie de "Armatta Brancaleone" para combater o modismo da cozinha de autor. As pessoas às vezes confundem o clássico com o comum, talvez até com o banal, sobretudo na culinária italiana, onde poderia citar mais de cem pratos super clássicos que nunca foram servidos por aqui. Seria muito fácil e oportunista nos apropriarmos deles como se fôssemos autores e não pesquisadores, que é o meu maior prazer. Mas apropriar-se de receitas dos outros, sem dar-lhes o crédito, é o marketing atual do universo gastronômico. É de novo a praga da globalização que atingiu a quase todas as cozinhas do mundo. Amo os clássicos franceses, sobretudo quando feitos com a técnica moderna e atual da cozinha. Assim como há risottos e risottos, aqueles que parecem feitos com chumbo e aqueles que parecem feitos pelo mais delicado artesão. ~ A idéia de fazer um restaurante com clássicos franceses e italianos já me rondava a cabeça há um certo tempo, quando numa viagem da Itália para a França compro um *Guia Michelin* em italiano. Enquanto escolhia os restaurantes para os meus dias em Paris, ficava lendo no topo da página a charmosíssima versão para o italiano do nome Paris. ~ Aquele Parigi estava ali querendo me dizer algo e me fazia ainda lembrar do meu pai, que ao comer uma blanquette de veau, talvez seu prato predileto, um dia me disse: "Filho, a vida é cheia de dúvidas, sou italiano, nasci em Milão mas realmente não sei se troco uma cotoletta alla milanese por uma boa blanquette". Após essas recordações, o desejo tornou-se incontrolável, queria de qualquer maneira realizar este restaurante. A idéia já tinha e o nome me caiu do céu através do *Michelin*. Às vezes ele serve para algo. ~ Clássico, elegante, cheio de personalidade e com seu bom toque de humor – pois sem humor a vida é chata – nascia o Parigi. Aliás, o seu primeiro logotipo era Parigi e rodeando lia-se em italiano: "classica cucina francese..." Confesso que retirei com medo de apanhar de uma certa turma. ~ Sabíamos, obviamente, que o desafio não era fácil. Além de termos encontrado um ponto maravilhoso, num dos prédios mais bem construídos e localizados da cidade, não medimos esforços para alcançar o êxito que o Parigi conquistou. Tenho certeza que o universo do gigot d'agneau, do canard à la presse, do tournedos Rossini, do confit de canard, do foie gras, além dos clássicos italianos que me acompanham desde que existo, são representados no Parigi com rara dignidade. E não posso deixar de reconhecer que tenho muito orgulho disto. ~ O Parigi foi uma grande e difícil vitória e é também uma maneira de homenagearmos a França. Espero que vocês aproveitem essas 46 receitas elaboradas por dois grandes chefs, Eric Berland e Salvatore Loi, com quem tenho muito prazer de trabalhar, assim como o projeto de Sig Bergamin, que conseguiu tornar realidade o meu desejo, melhorando-o. ∽ Mais uma vez, muito obrigado a todos aqueles que nos apoiaram e nos deram mais esse crédito.

P.S.: quando o Parigi foi inaugurado em 1998, quatro pessoas foram fundamentais para a sua realização e sucesso. A elas eu gostaria de dedicar este livro. São elas: Ana Luiza Joma, então companheira de todos os momentos, que presenciou desde o início o seu nascimento. ∽ João Paulo Diniz, que entrou na sociedade da Casa Fasano meses antes da inauguração do Parigi e tornou-se muito mais que um sócio, um dos meus melhores e mais leais amigos. ∽ Laurent Suaudeau, um dos melhores chefs de cozinha que conheço, que aceitou com grande prazer o desafio de deixar sua rotina para encarar a clássica cozinha francesa. ∽ Fabio Auriemo, após nos ter retirado o "Fasaninho" para a construção de seu novo prédio, prometeu devolver o térreo para que o reinstalássemos. Como esse empreendimento tomou dez anos de sua vida, e o Fasano já estava em outro local, ele achou que não precisaríamos mais do térreo. Aí fui procurá-lo para lembrar da promessa e o Fabio modificou todo o lobby, que já estava construído, para que o Parigi pudesse se instalar. ∽ Gostaria de deixar um carinho especial para o homem que lidera as mais de oitenta pessoas que trabalham no Parigi, imbuindo-as todas com seu espírito. Seu nome é Osmânio Resende, a quem reputo o mérito de ser o mais completo maître de São Paulo. ∽ E para Eric Berland, o francês mais italiano que conheci. ∽ Para todos vocês, o meu mais sincero carinho.

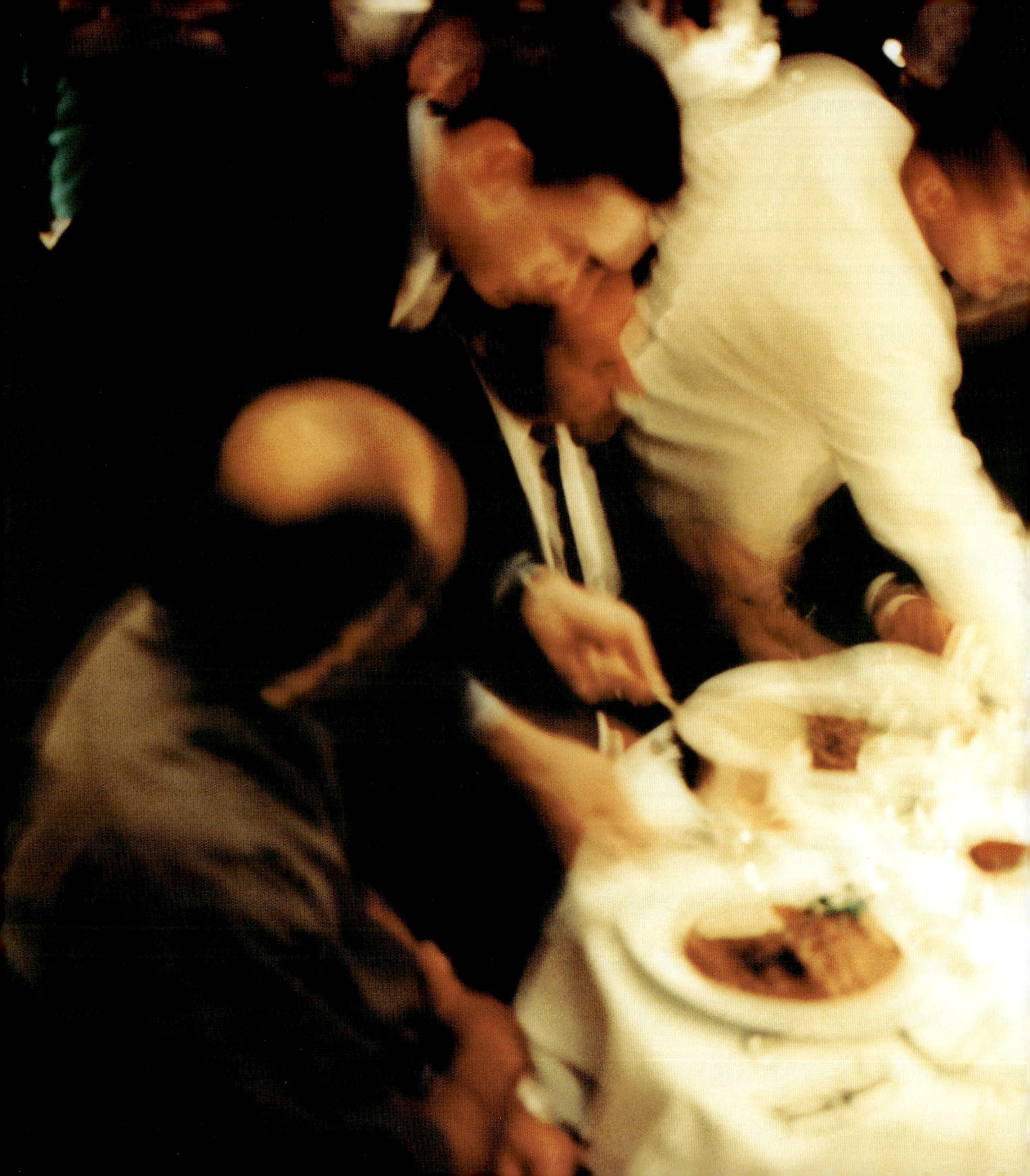

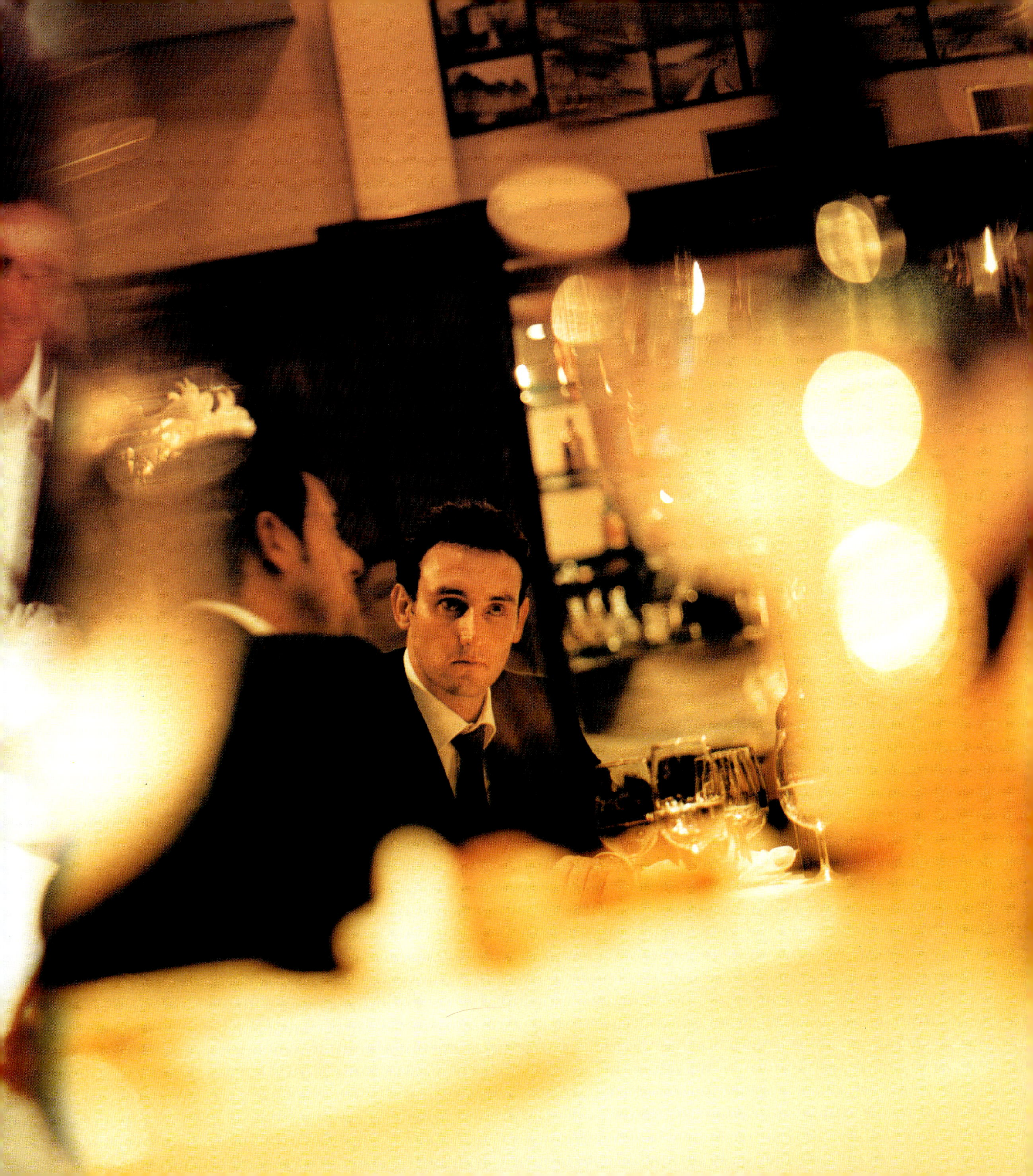

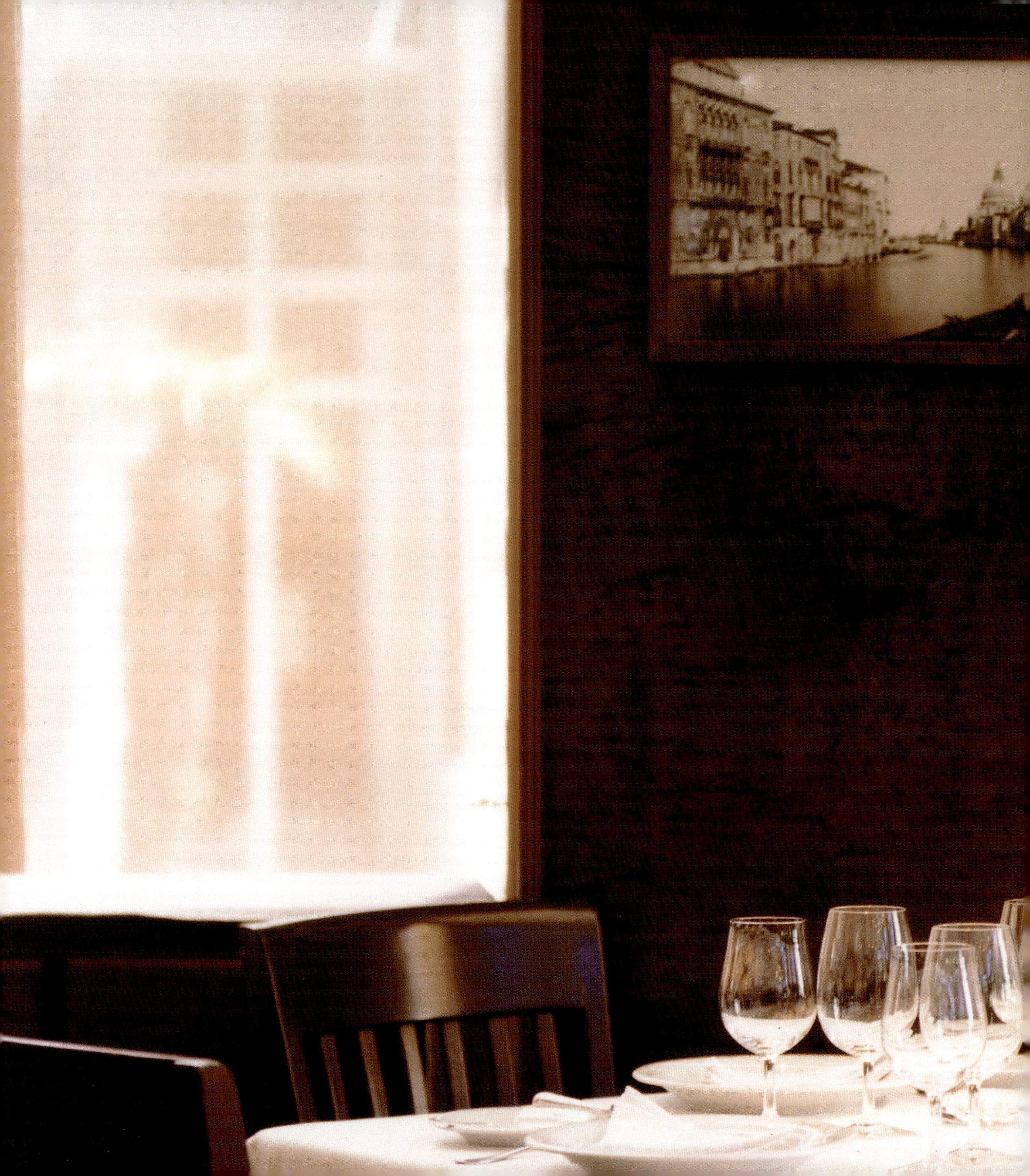

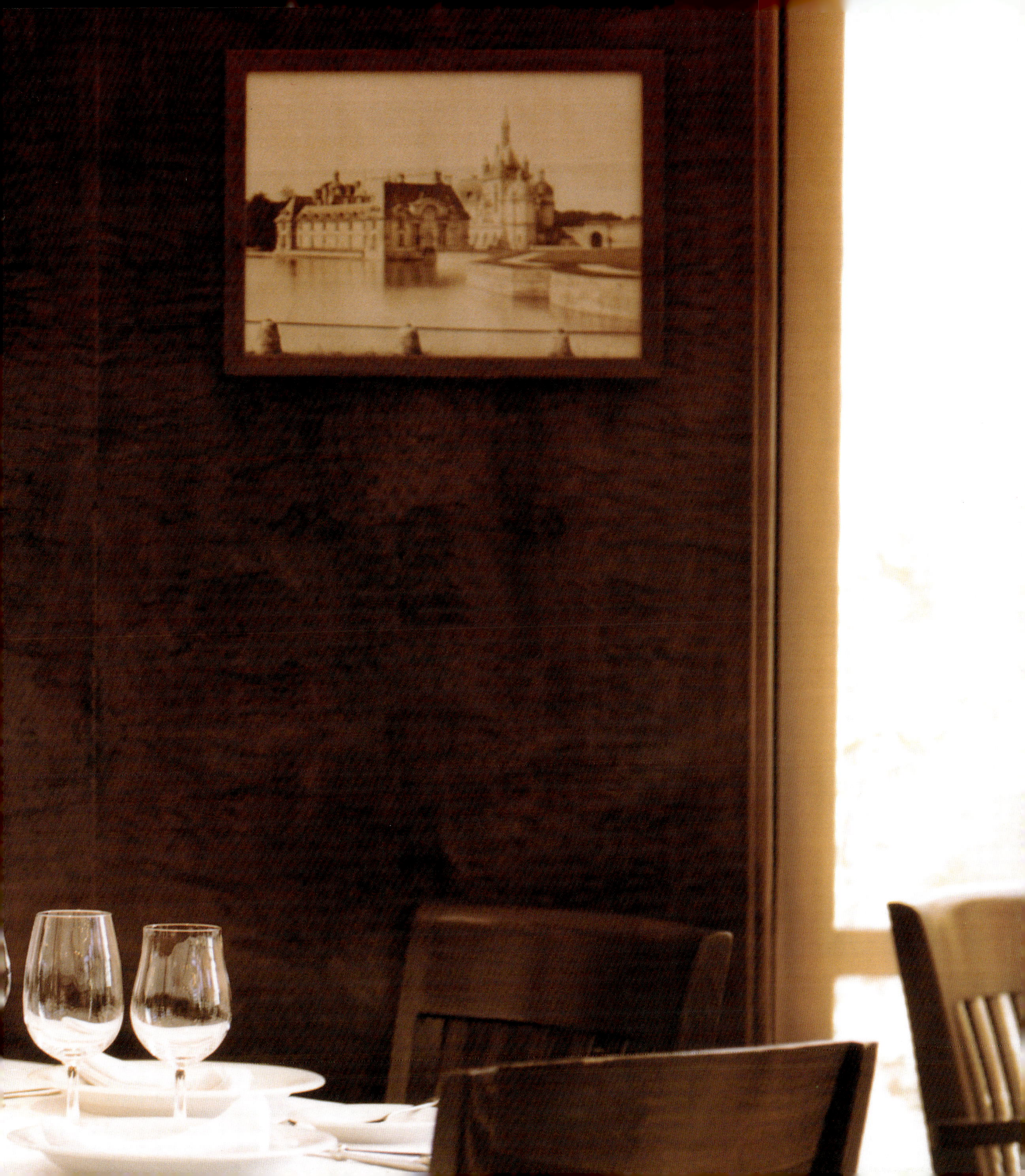

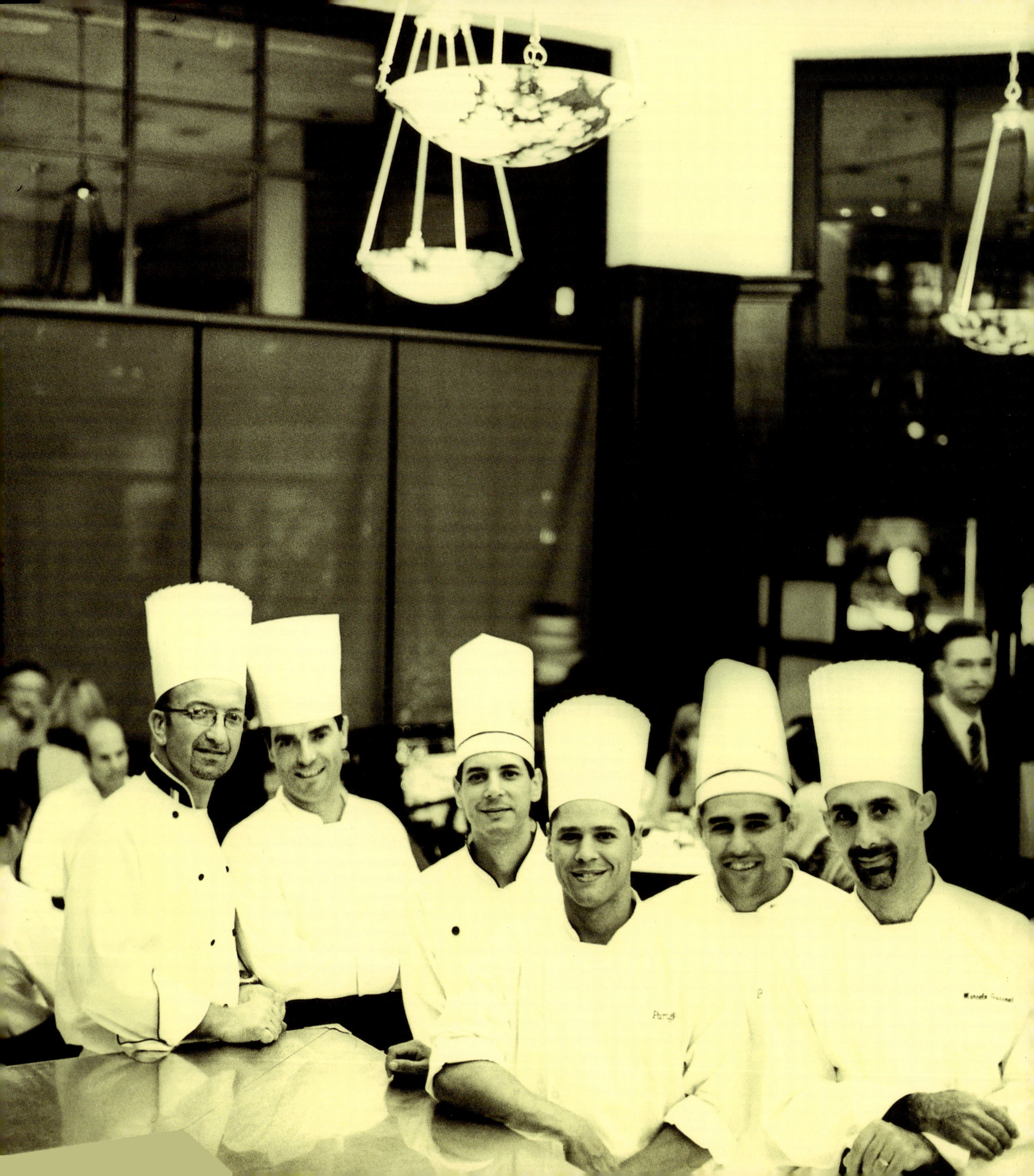

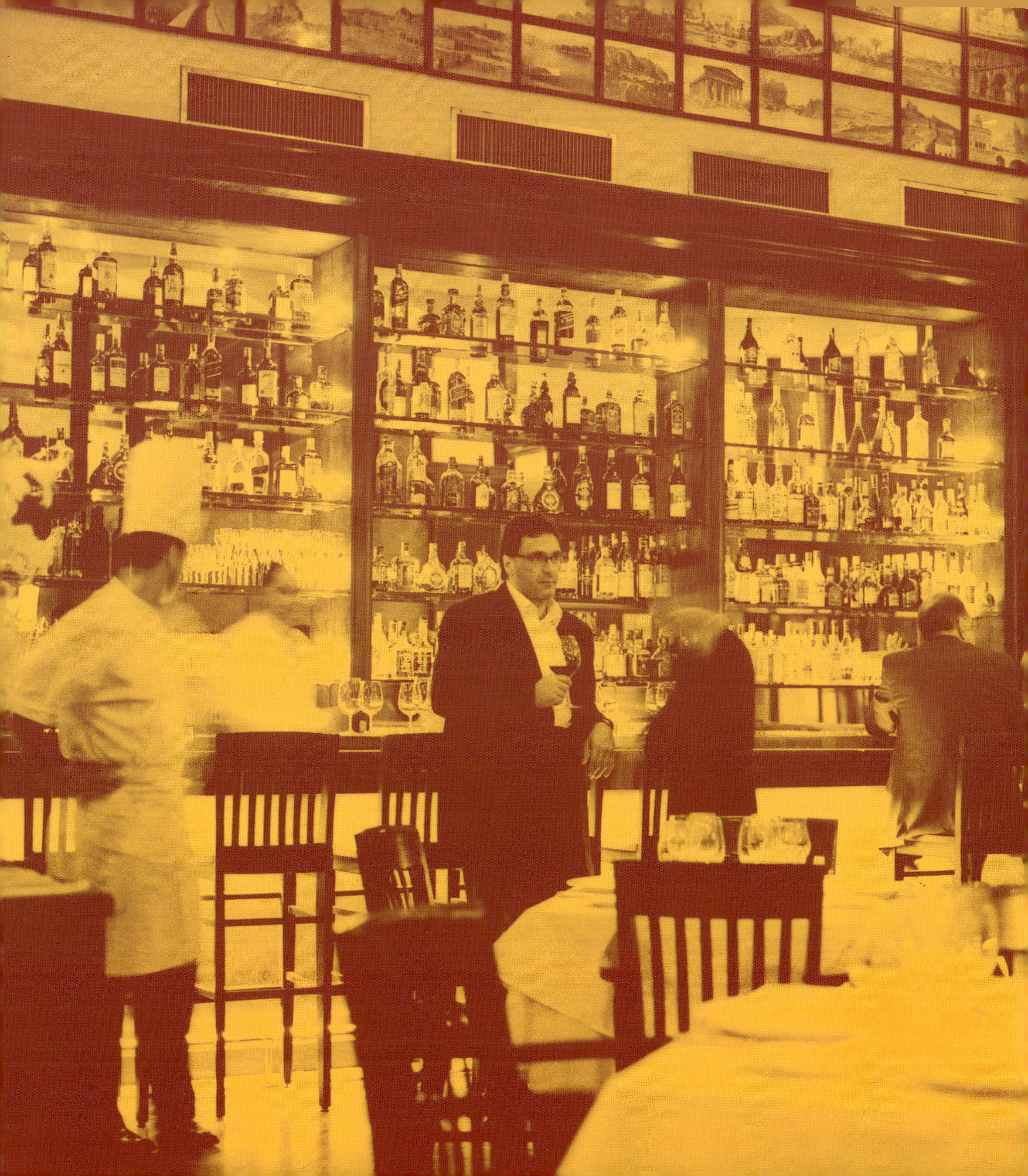

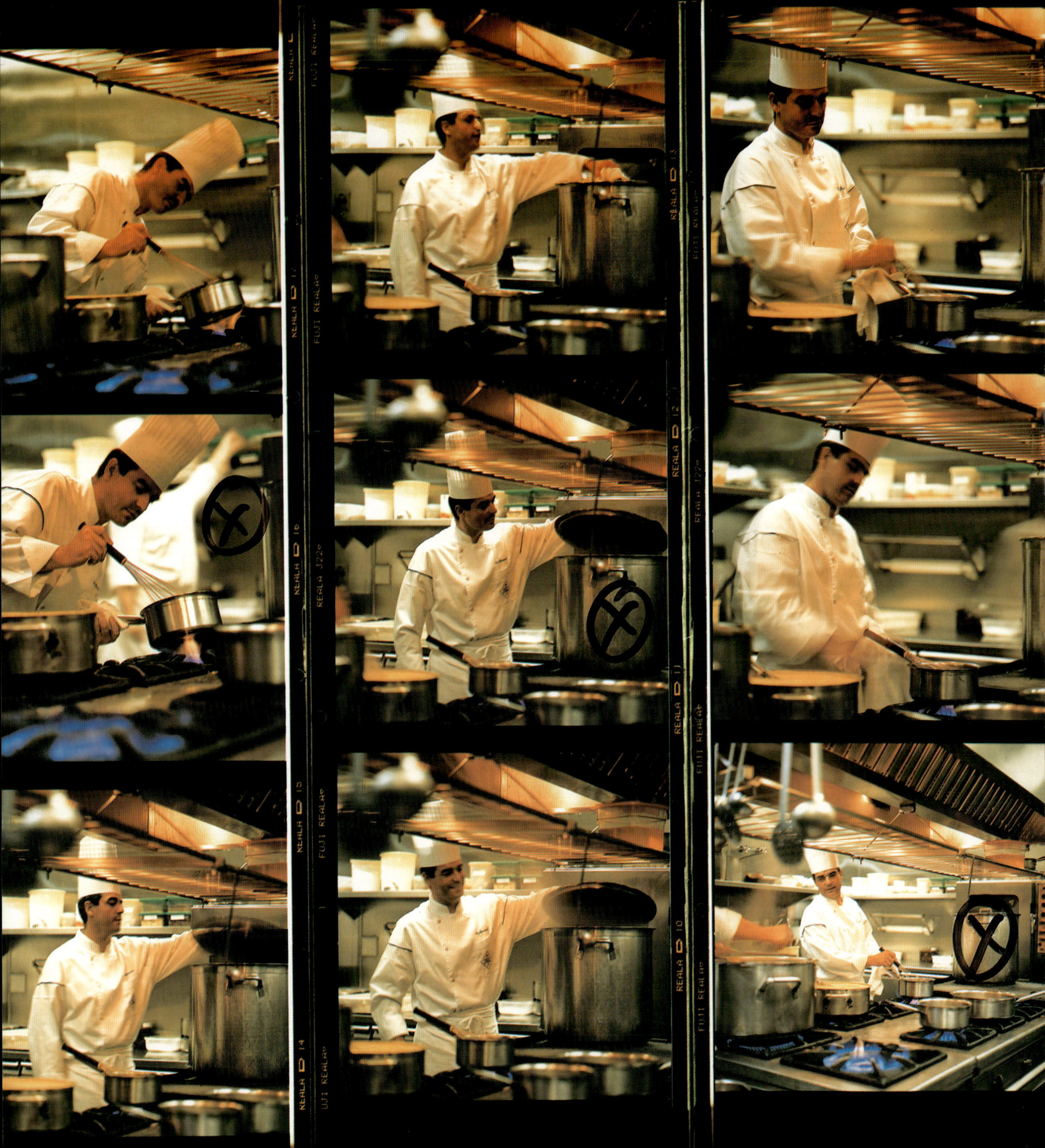

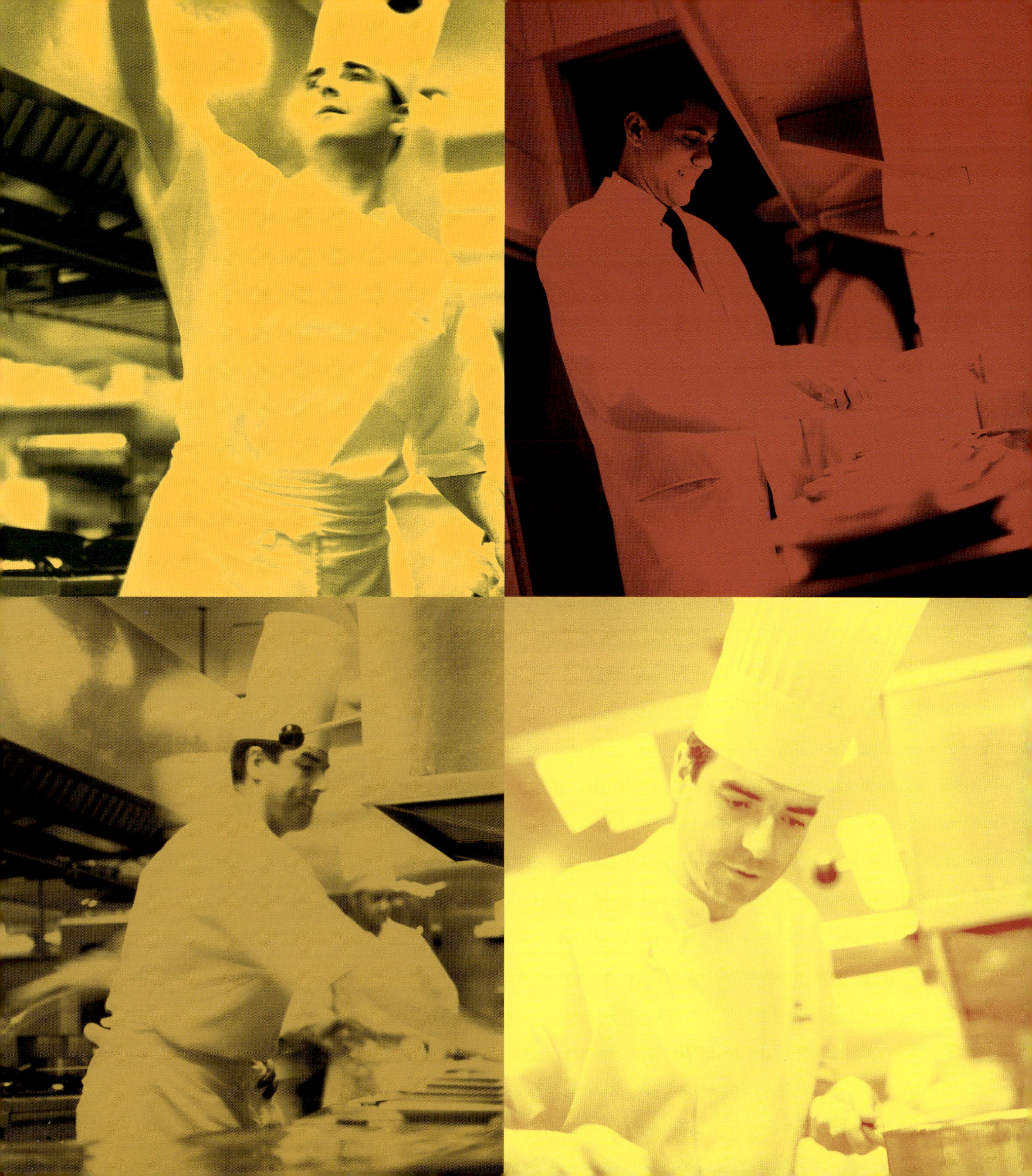

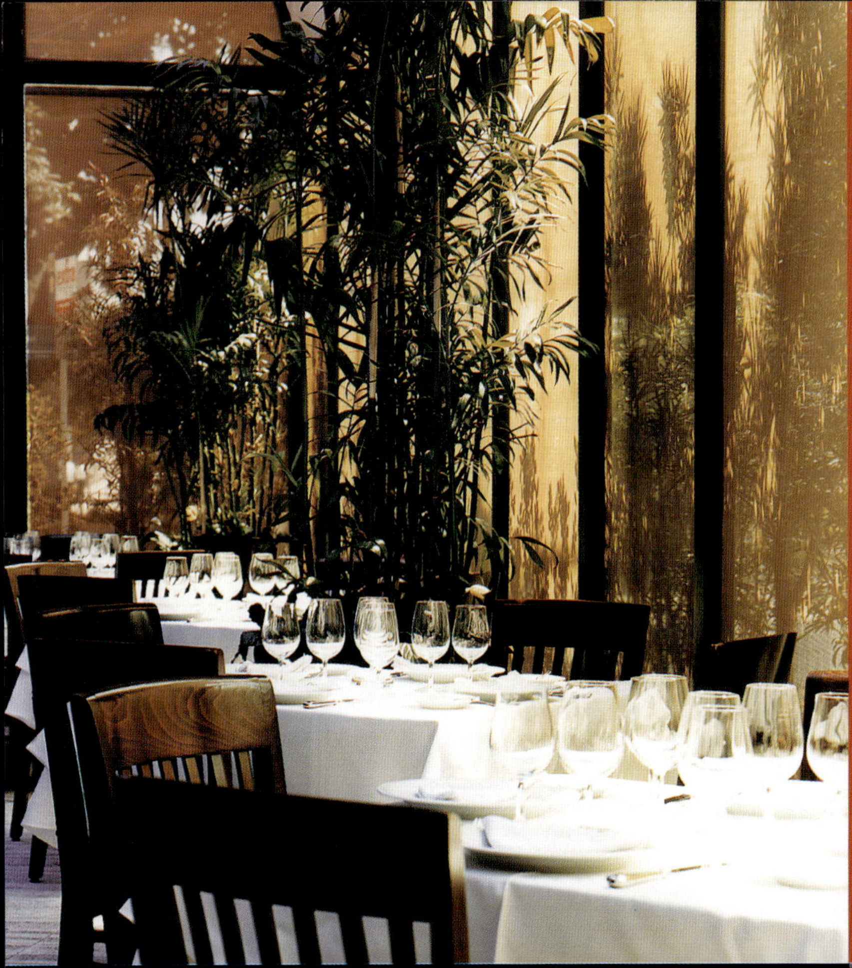

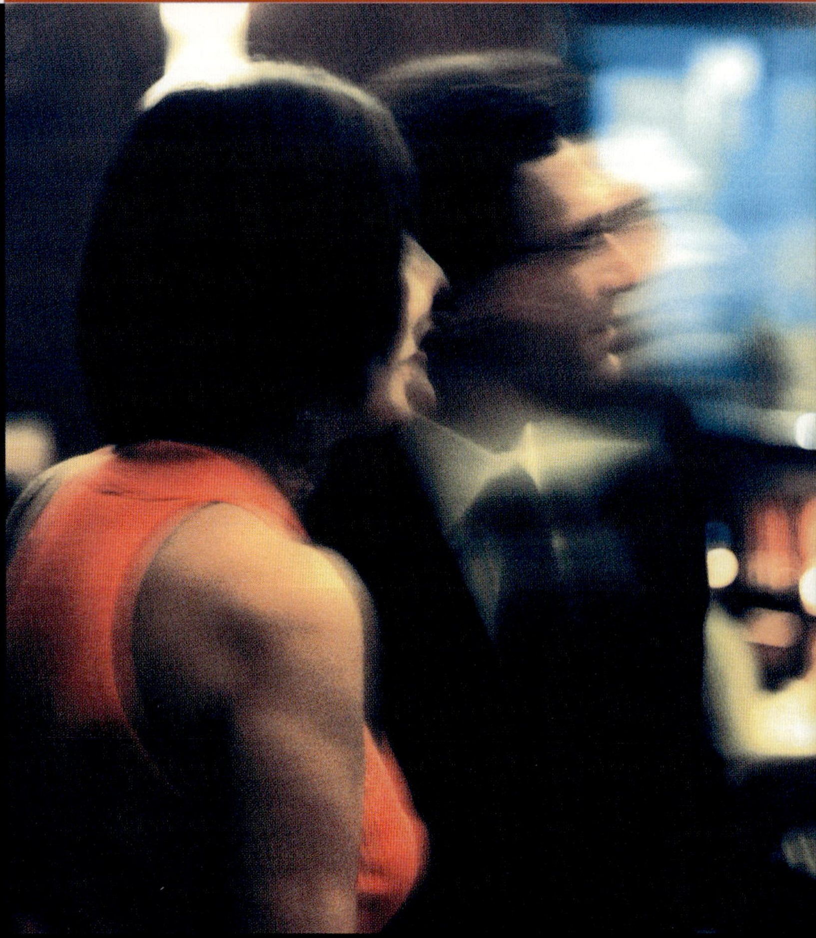

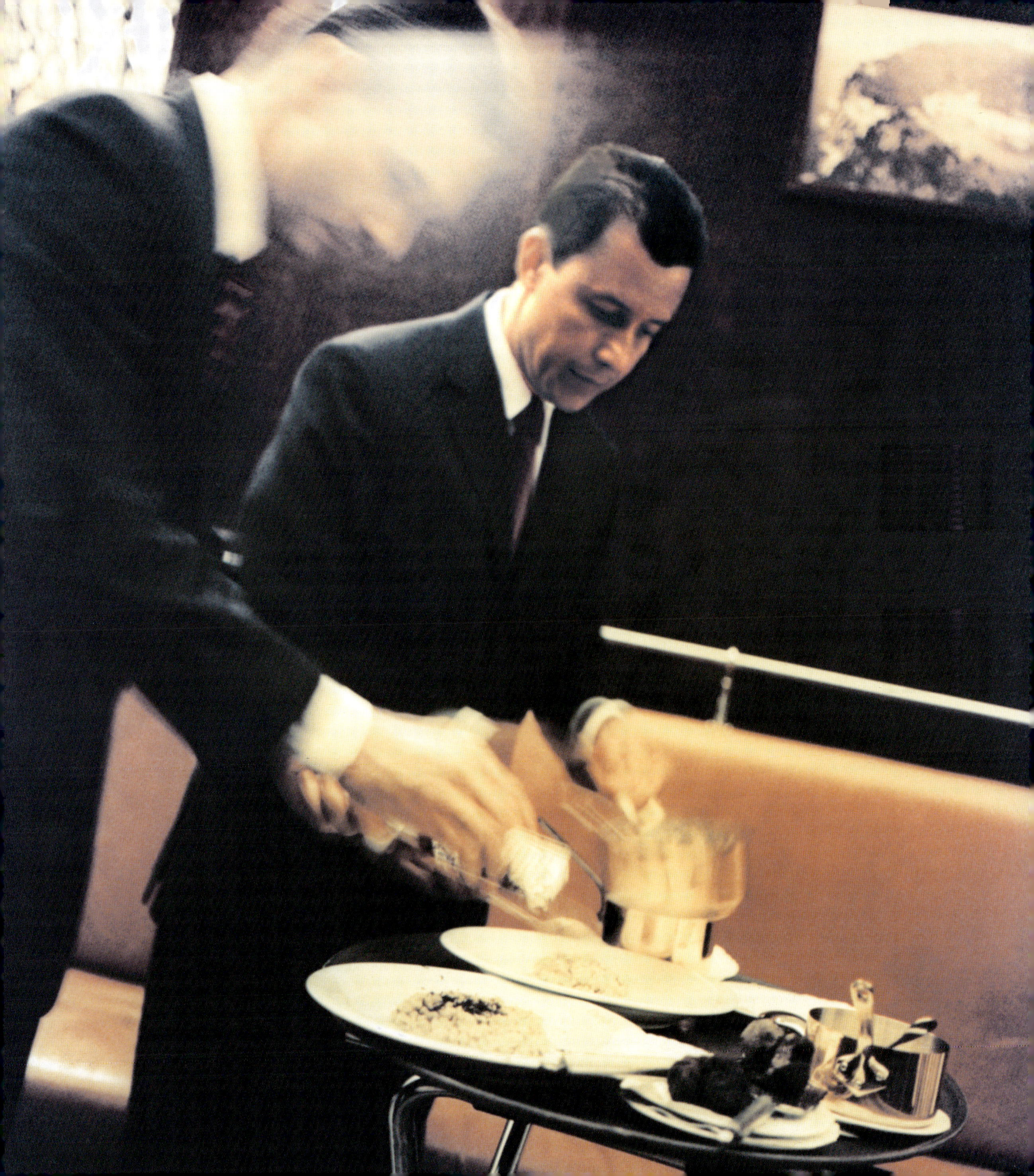

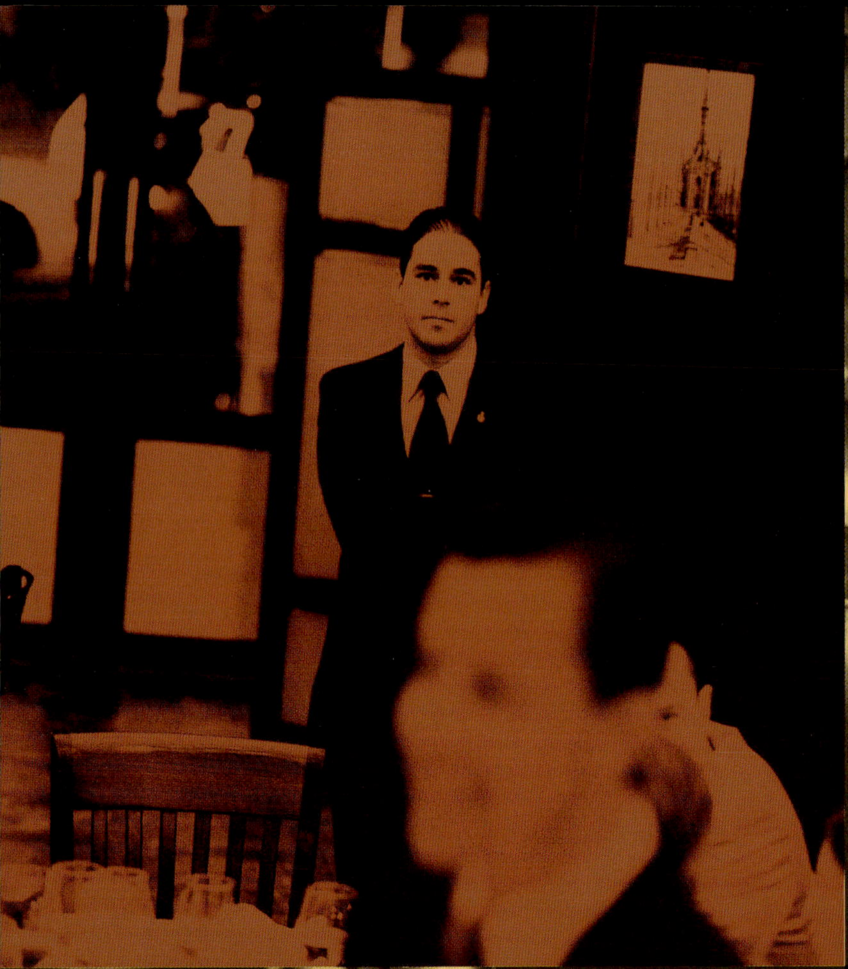
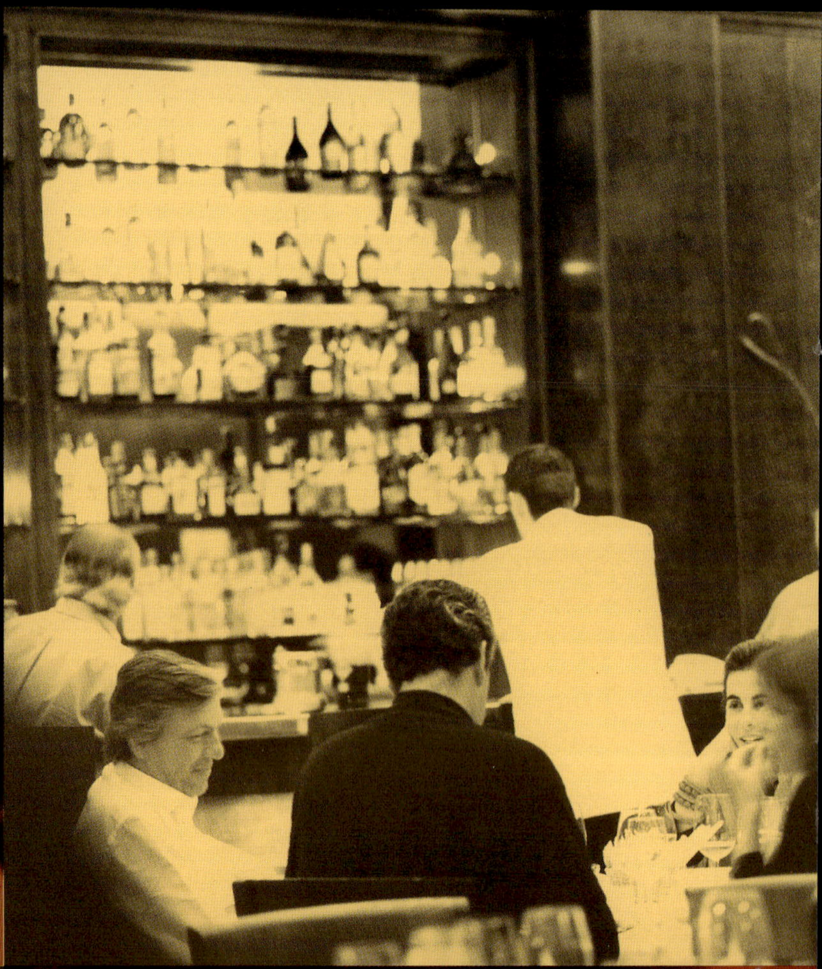
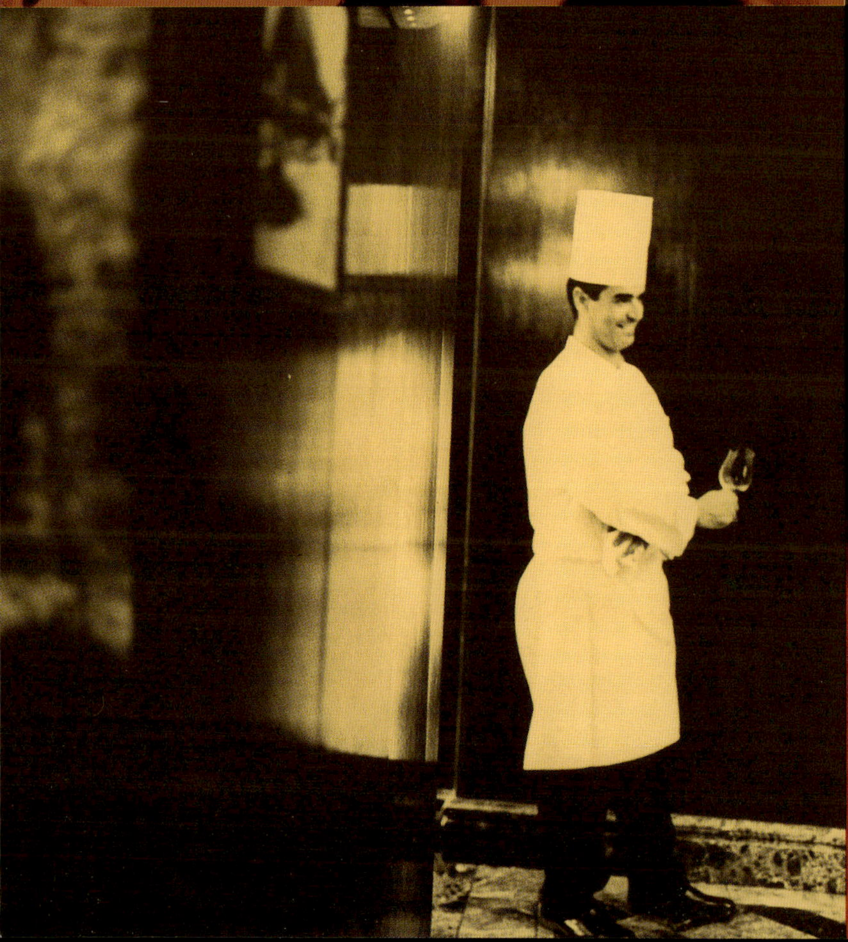
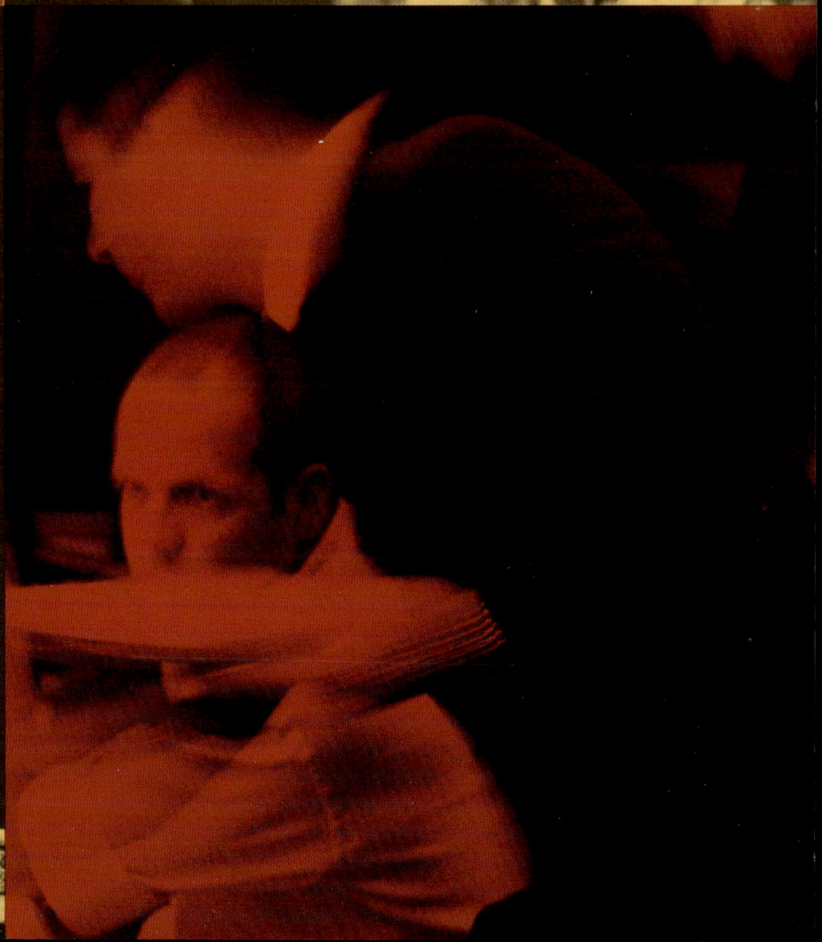

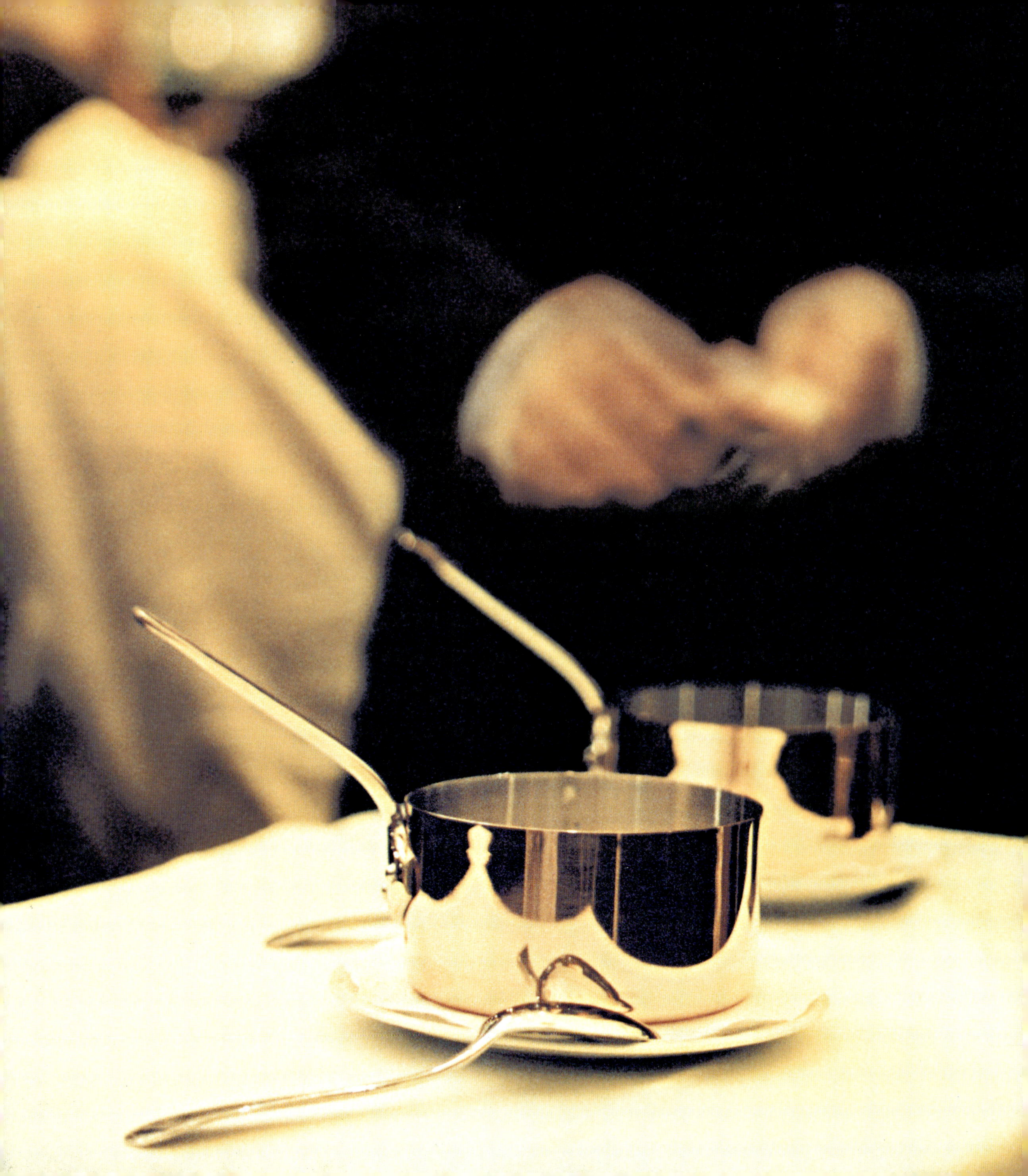

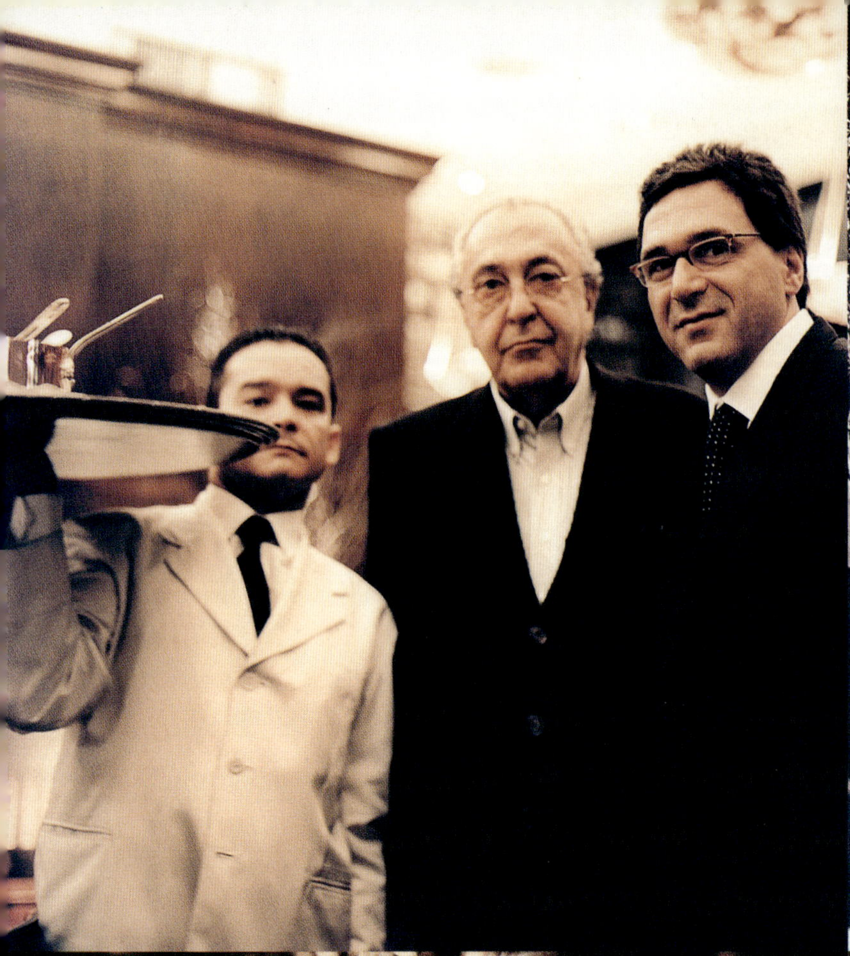
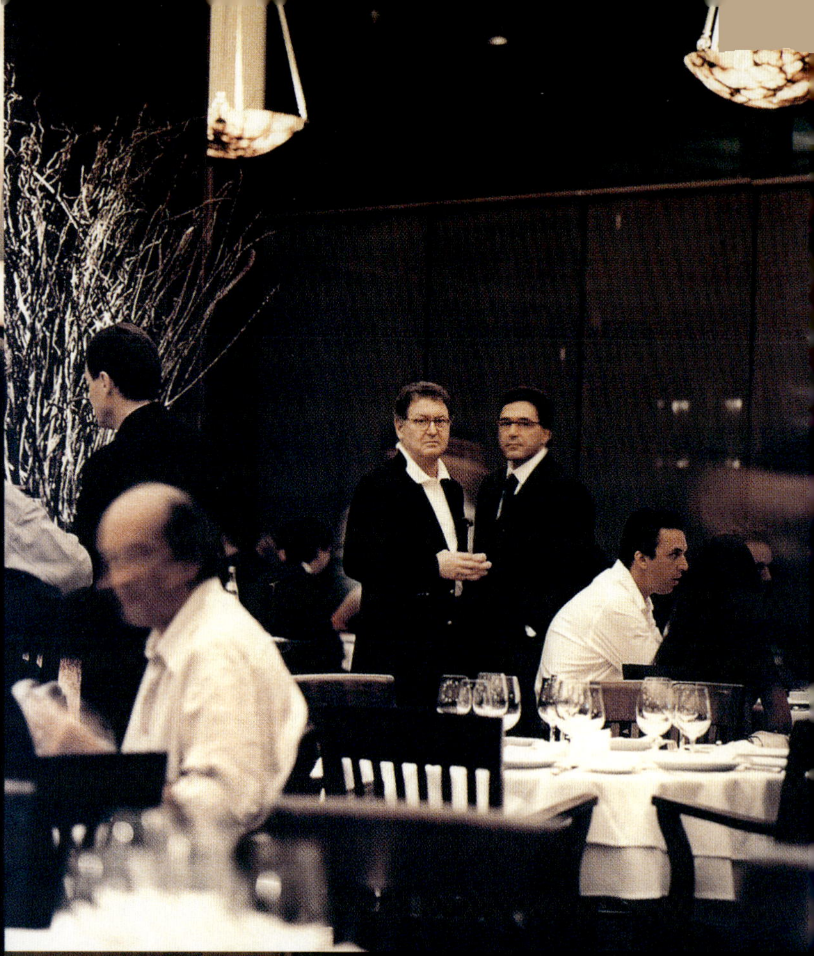
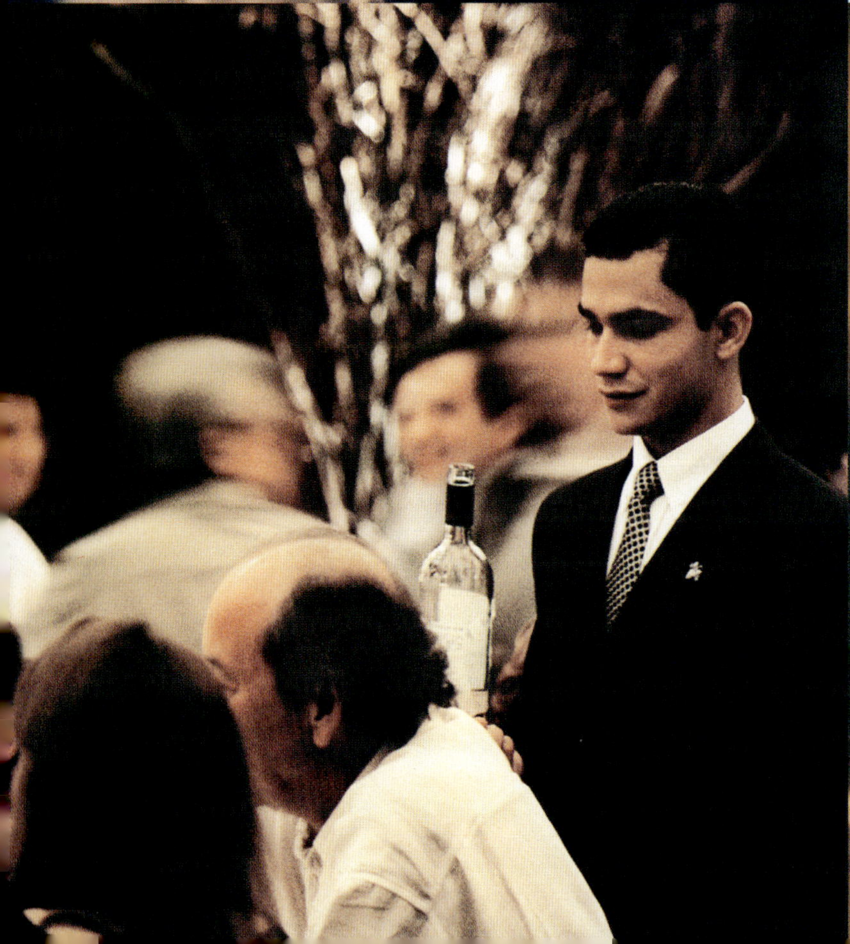
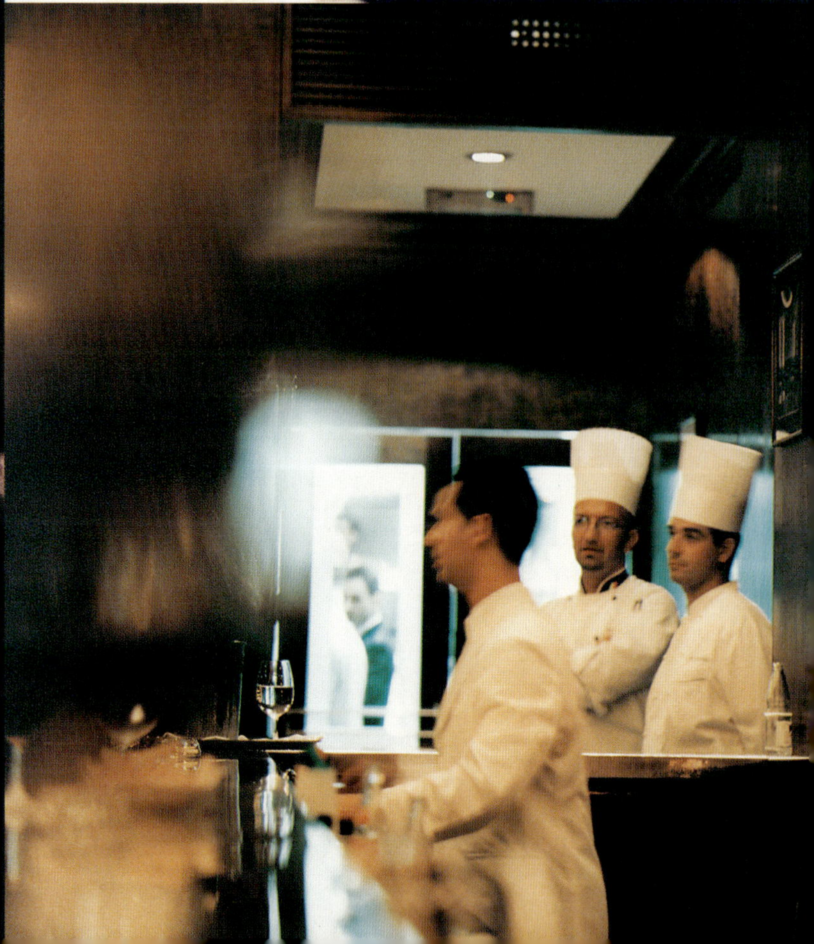

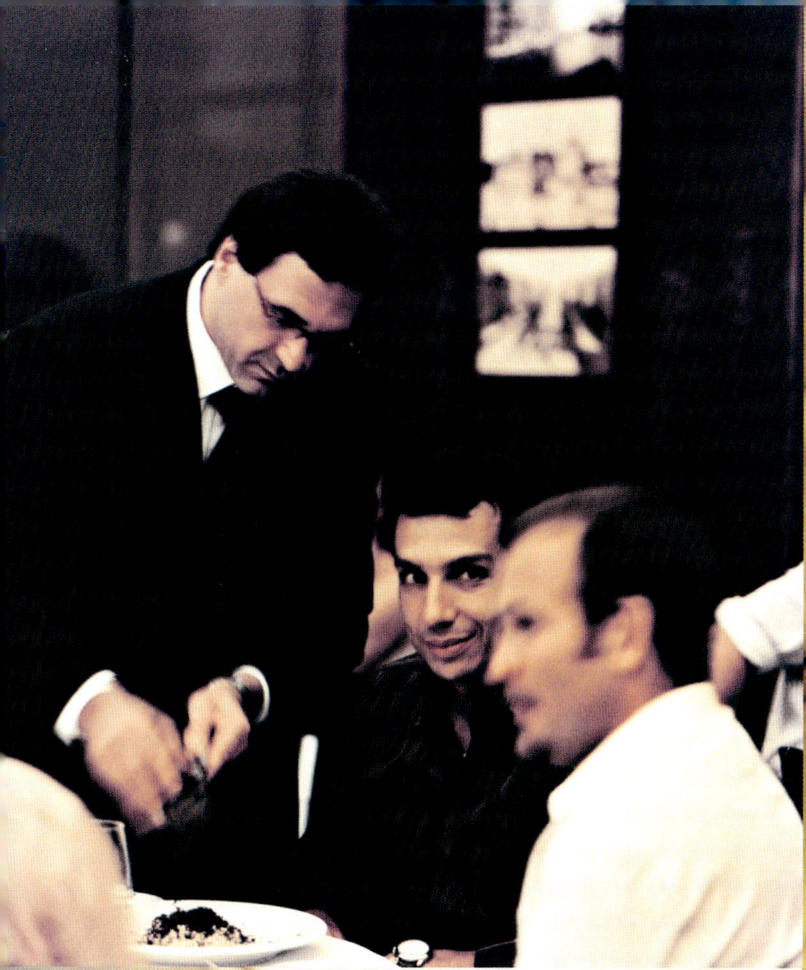
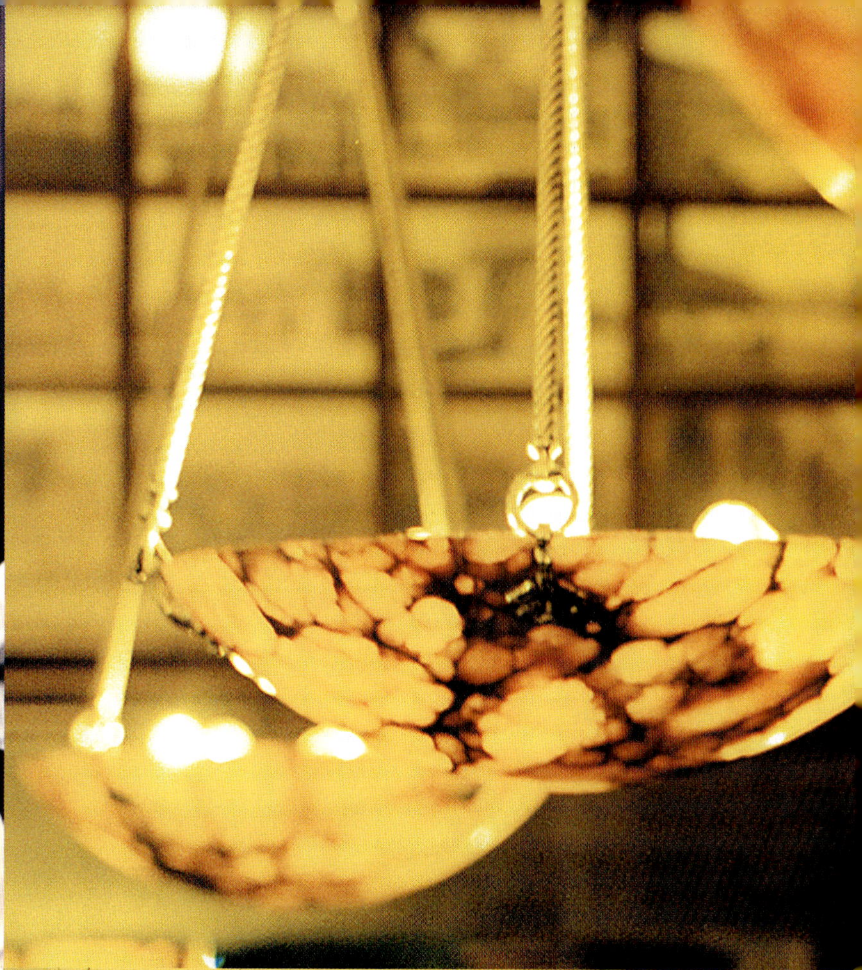
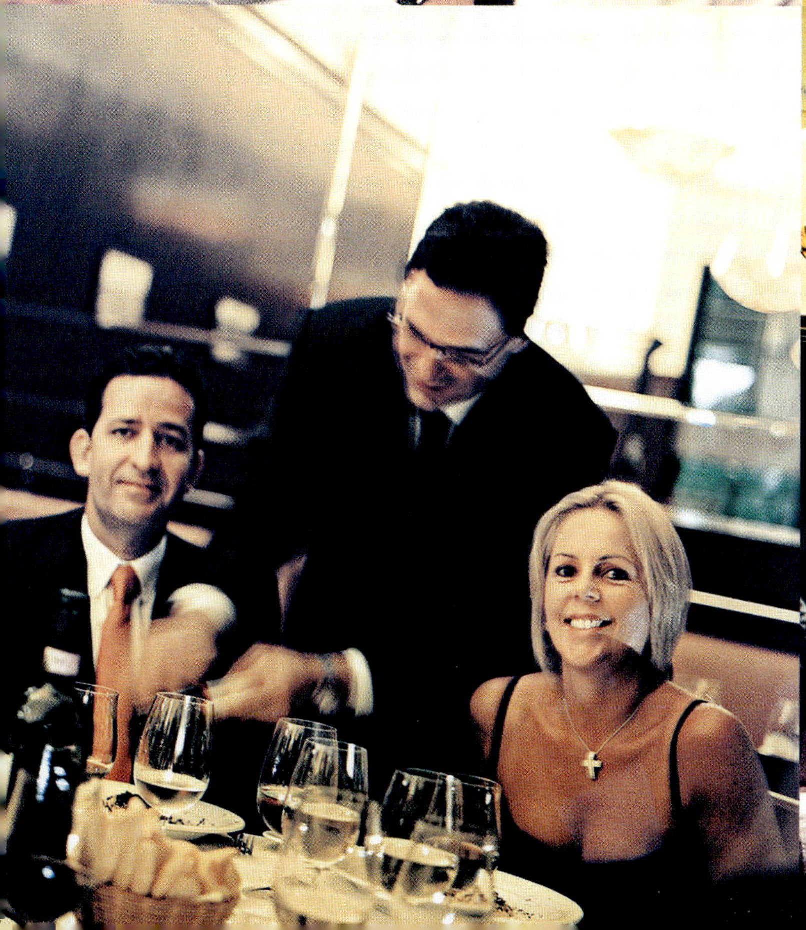
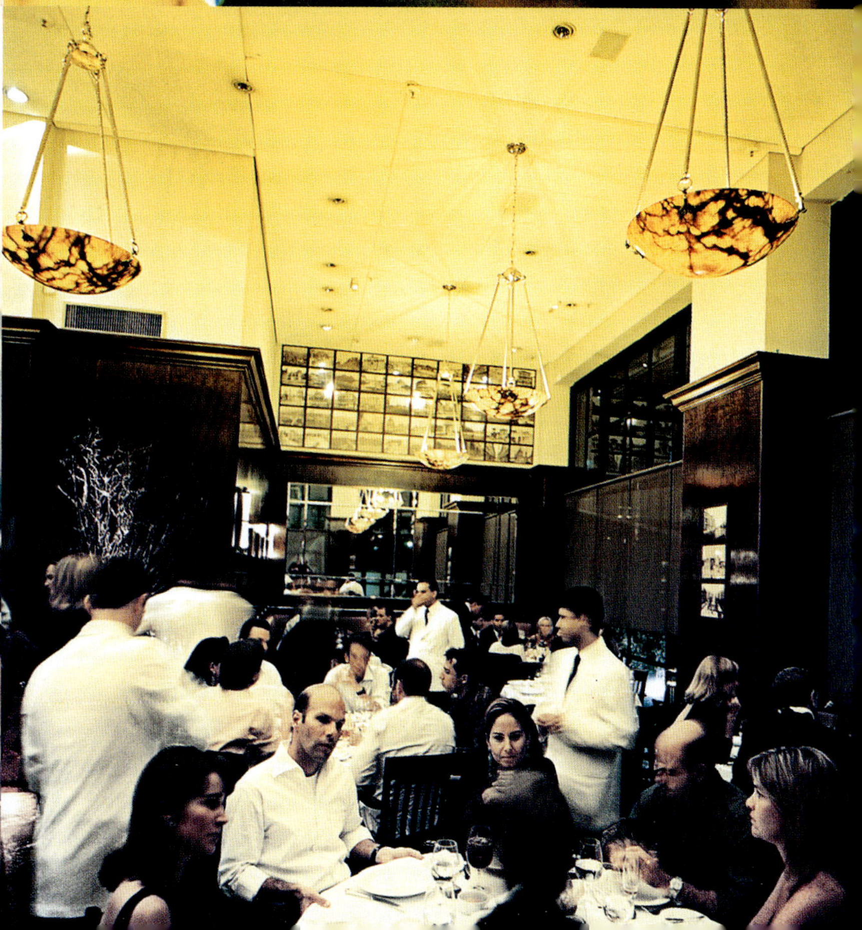

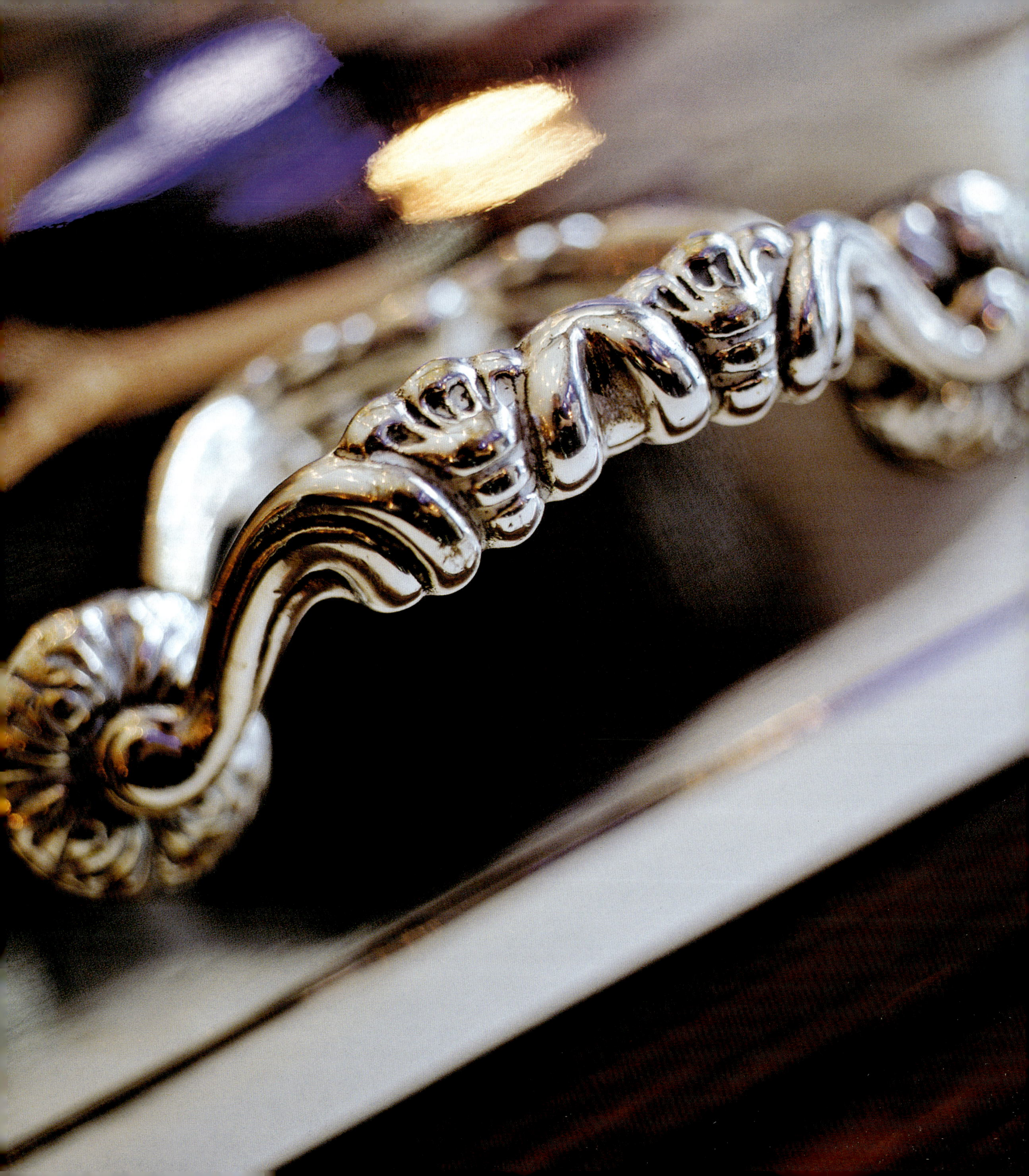

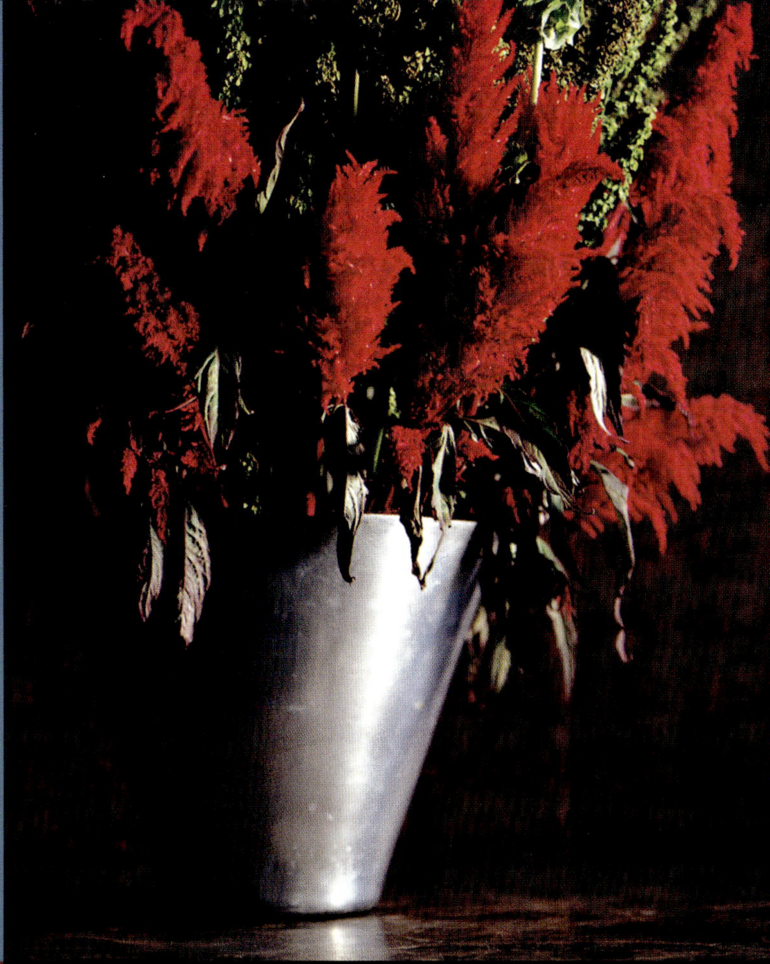

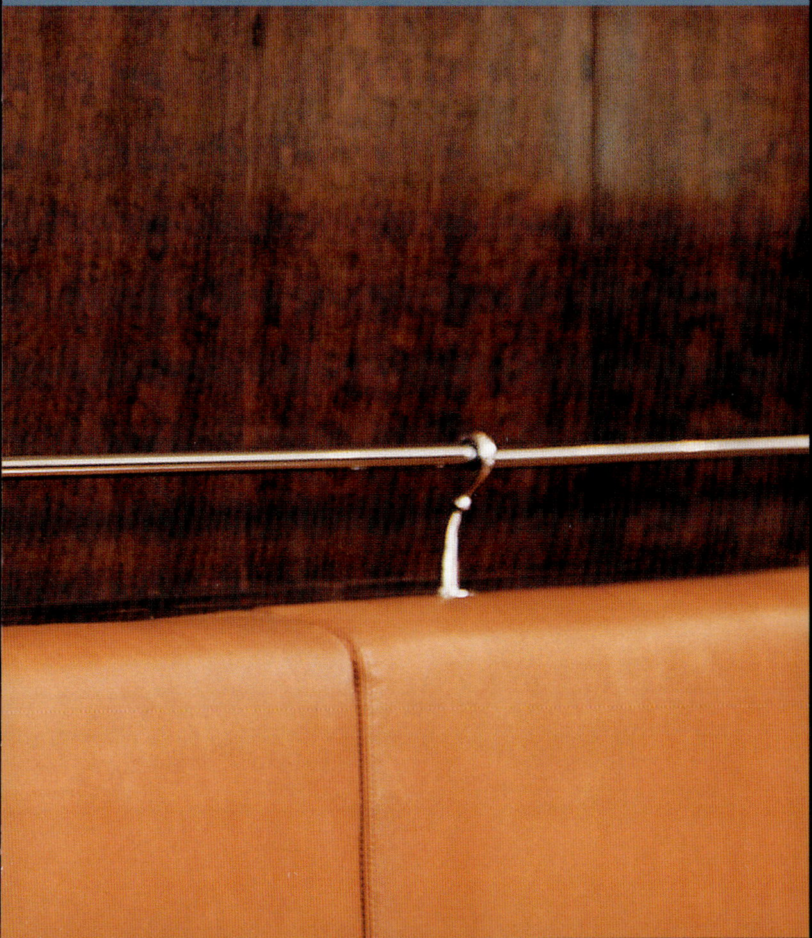

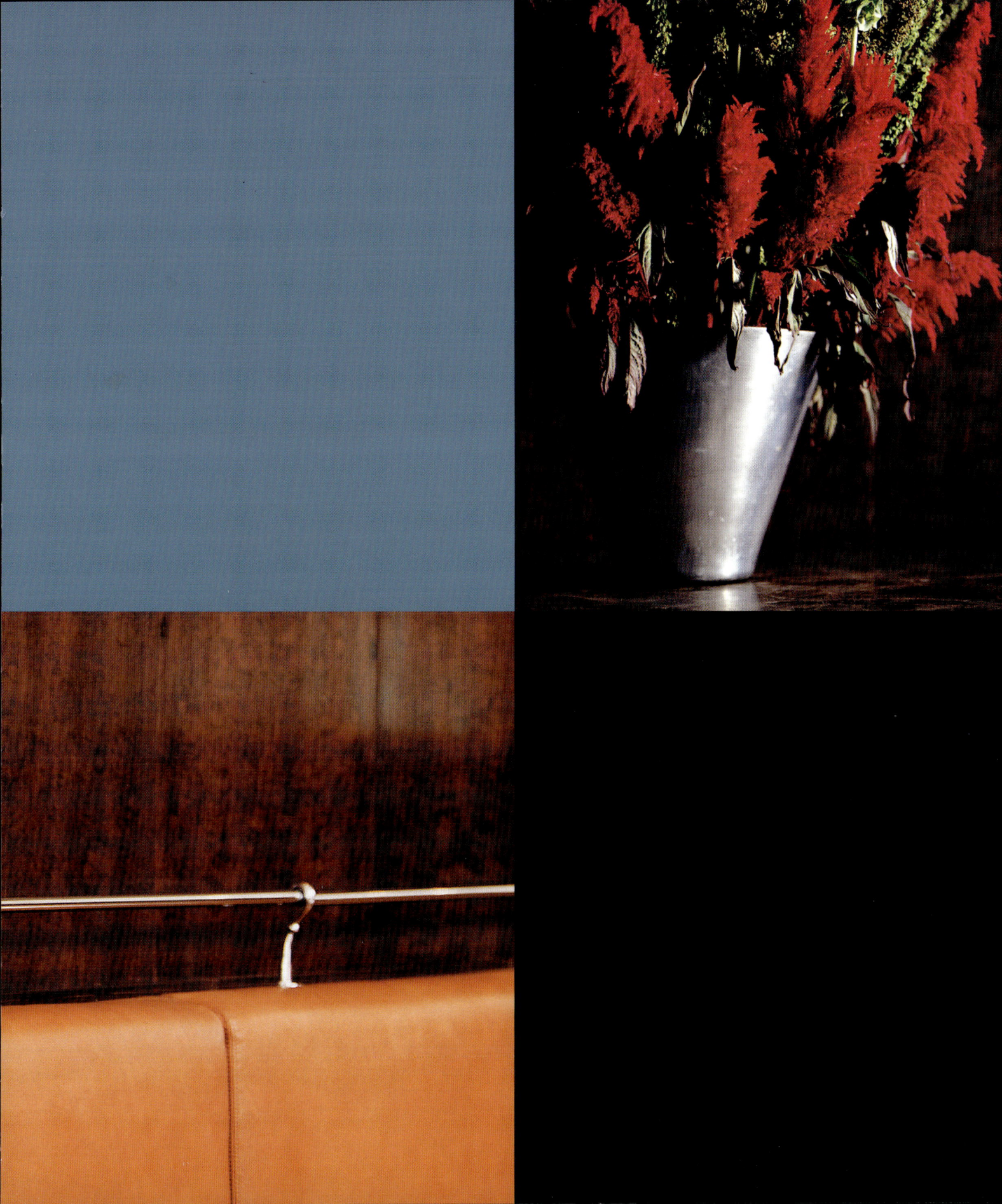

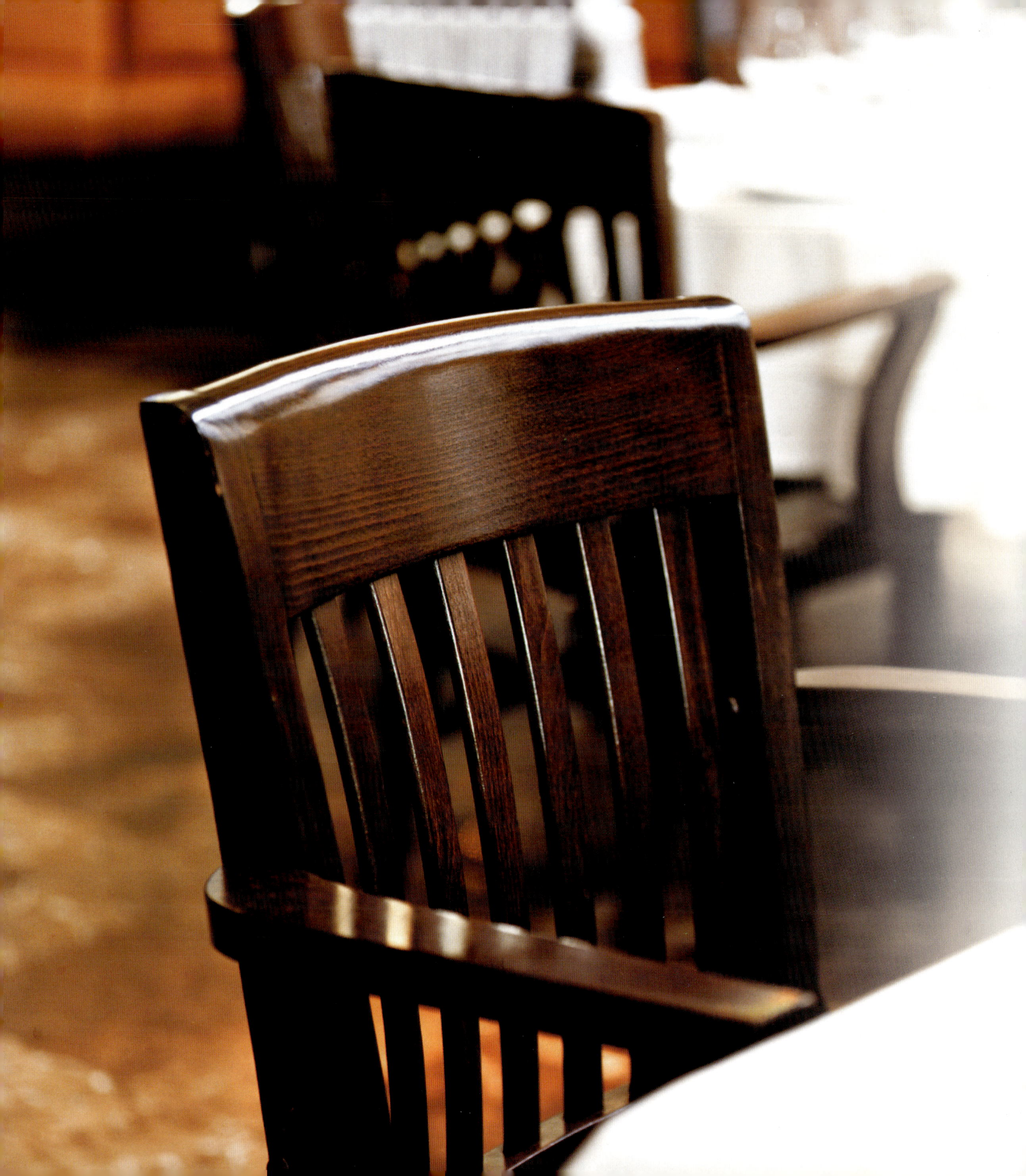

DUAS HISTÓRIAS NA MESA

J. A. Dias Lopes

COLUNISTA GASTRONÔMICO DE *O ESTADO DE S.PAULO*

Q uando o Parigi foi aberto, em 1998, algumas pessoas acharam que Rogério Fasano enveredava por uma nova linha de cozinha. Surpreenderam-se com um cardápio que misturava pratos italianos e franceses. Aparentemente, a linha da nova casa transitava na contramão dos outros restaurantes da família Fasano. Herdeiro de um clã de restaurateurs italianos que se instalou em São Paulo há mais de um século, Rogério trabalhava com a culinária da sua tradição. Fundamentalista no bom sentido, conquistara a fama de transformar em sucesso as casas que tocava, invariavelmente magníficas e classificadas entre as melhores do Brasil. Como entender um restaurante que oferecia ao mesmo tempo cotoletta alla milanese e coq au vin? Em pouco tempo, o Parigi mostrou que, apesar da dupla nacionalidade, professava a filosofia dos Fasano. Afinal, os fogões da Itália e da França já se entrelaçaram no passado. Até hoje, preparam algumas receitas que têm em comum e outras cuja autoria só decidirão no braço. Selecionando pratos clássicos dos dois países, o Parigi homenageava o passado em que eles consolidaram sua culinária — e não arranhava a orgulhosa tradição dos Fasano. Desde a inauguração, a casa atrai grande público. O bonito salão recebe pessoas exigentes, que valorizam a regularidade da cozinha e a execução rigorosa das receitas. ~ A coexistência da culinária italiana com a francesa se estabeleceu oficialmente na Renascença – o movimento de renovação das artes, letras, pensamento e costumes que se iniciou no século 14, na passagem da Idade Média para a Idade Moderna. O epicentro ficava em Florença, mas gradualmente sacudiu outras cidades. Para avaliar a magnitude da Renascença, basta lembrar Leonardo, Michelangelo, Botticelli, Rafael, Maquiavel, Cellini e outras personagens que iluminaram a civilização ocidental naquele período. ~ Na cozinha, os assados pesados e condimentados da Idade Média cederam lugar a elaborações mais leves e requintadas. O açúcar se impôs sobre o mel. Aprimorou-se a etiqueta. Em Veneza, adotou-se pela primeira vez o garfo, até então desconhecido. Tinha apenas dois dentes, mas já cumpria a função. Artesãos fabricaram o copo de cristal, substituindo o de metal. Florença incorporou as novidades, aprimorou-as e lançou outras. Colocou um terceiro dente no garfo. Seus banquetes atingiram um

Detalhe de As núpcias de Caná, *de Paolo Veronese*

nível de sofisticação jamais visto. Exibiam pratos de cerâmica esmaltada, ricamente desenhada. As mulheres foram admitidas permanentemente à mesa, antes privativa dos homens. Leonardo da Vinci inventou o guardanapo – deixou-se de limpar as mãos na toalha da mesa ou na roupa do vizinho. Três membros da família Medici, que por três séculos governou Florença, influenciaram o estilo de vida europeu, convertendo-se em referências de bom gosto. O primeiro foi Giovanni di Lorenzo de' Medici, coroado papa em 1513 com o nome de Leão X. Gostava de molhos com cristas de galo e ensopados de testículos de vitelo. Depois, veio Caterina de' Medici, que se casou em 1533 com o futuro rei francês Henrique II. Por duas vezes ela governou o país oficialmente, como regente. Três filhos seus subiram ao trono: Francisco II, Carlos IX e Henrique III. Os italianos dizem que Caterina desembarcou na França com preciosos livros de receitas e um séquito de cozinheiros florentinos, mas os franceses tendem a subestimar esse fato. A rainha apreciava trufas, escargots, castanhas, geléias e compotas de frutas. Finalmente, surgiu Maria de' Médici, casada com o rei francês Henrique IV em 1600. Adorava miolos, fígado, alcachofra e licor no final das refeições. ~ Alguns livros italianos também influenciaram os franceses. Um deles, *De honesta voluptate et valetudine*, de Bartolomeo Sacchi, o Platina, é do final do século 15 e se mostraria muito popular em Paris. Traduzido para o francês em 1505, teve várias edições no mesmo século. Na verdade, era um tratado não só de arte culinária, mas também de dietética, higiene alimentar, ética da comida e prazeres da mesa; ainda trazia advertências sobre a natureza dos produtos, seus poderes nutritivos e curativos. Outra obra crucial foi *Dificio di ricette*, de autor desconhecido, editada em Veneza em 1541 e imediatamente traduzida em Lyon com o nome de *Bastiment de recettes*. Em suas páginas, os confeiteiros franceses conheceram melhor o açúcar, ingrediente com o qual não sabiam lidar. ~ Ao invadirem o norte da Itália nos séculos 15 e 16, os reis franceses Carlos VIII, Luís XII e Francisco I se surpreenderam com a comida que encontraram e com a sofisticação que havia nas cortes. Voltaram para Paris com cozinheiros e doceiros; também trouxeram artistas, artesãos, perfumistas, jardineiros e arquitetos; em suma, transplantaram o estilo de

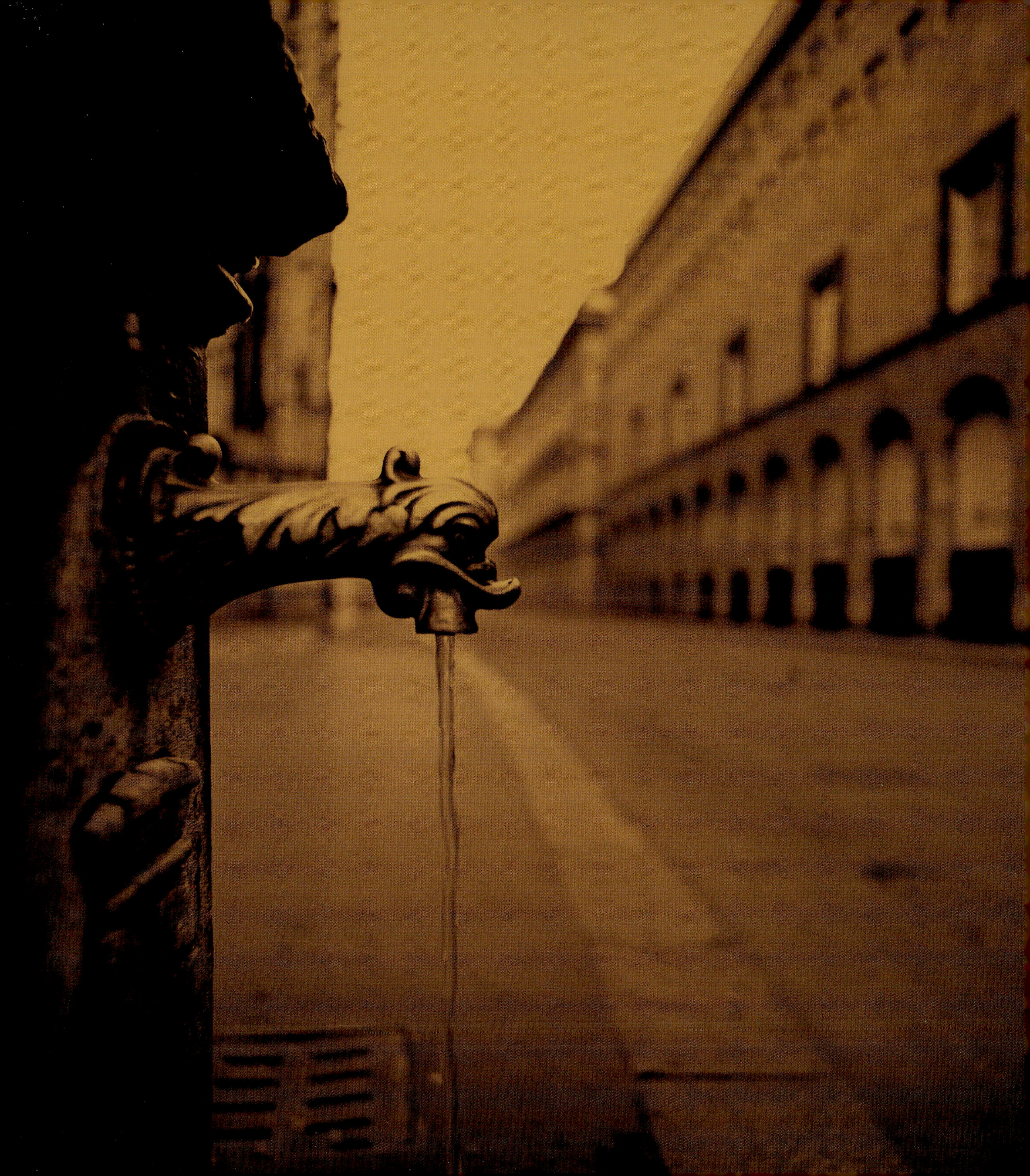

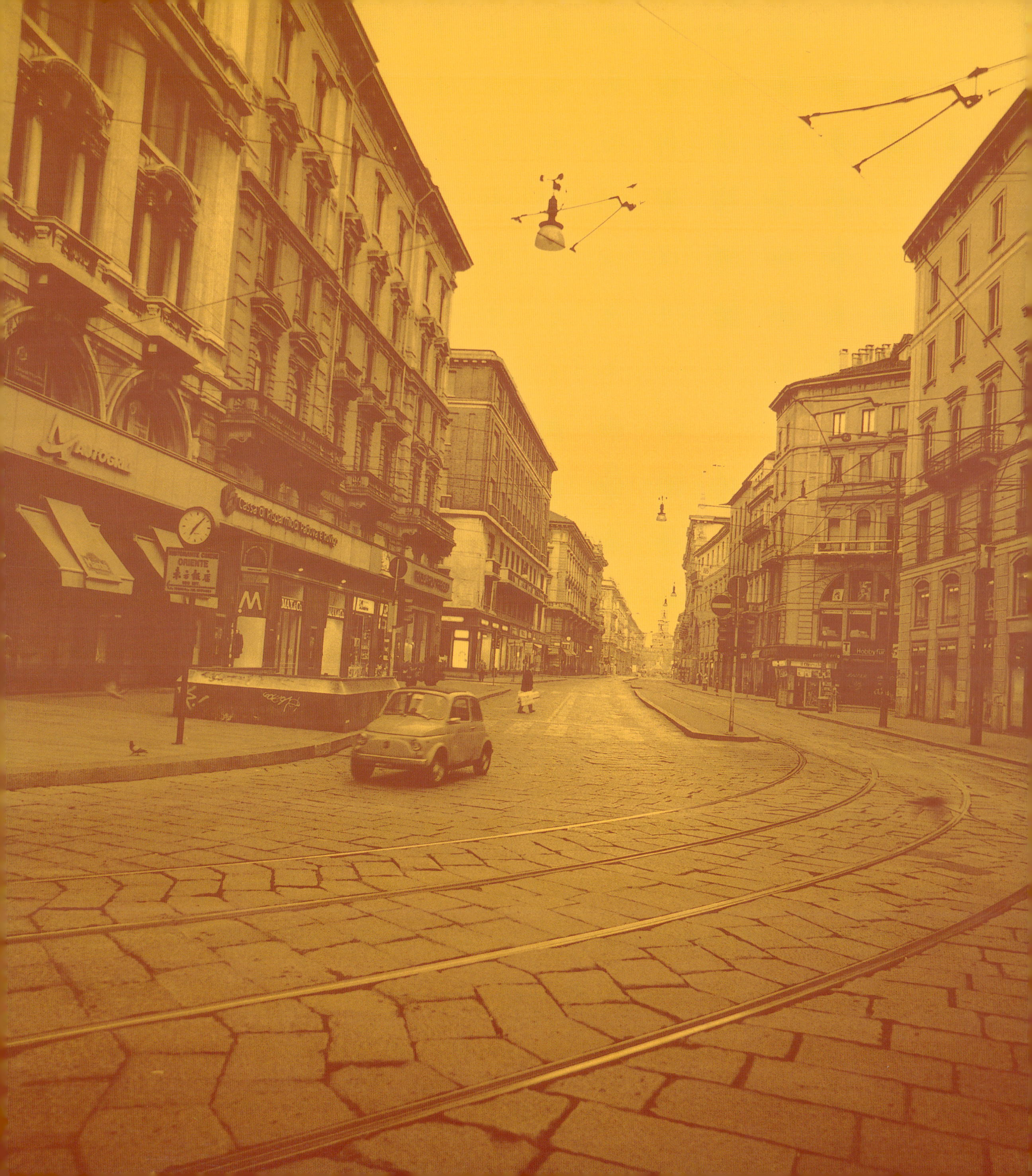
Cassa di Risparmio di Padova e Rovigo
ORIENTE
M
MAX&Co

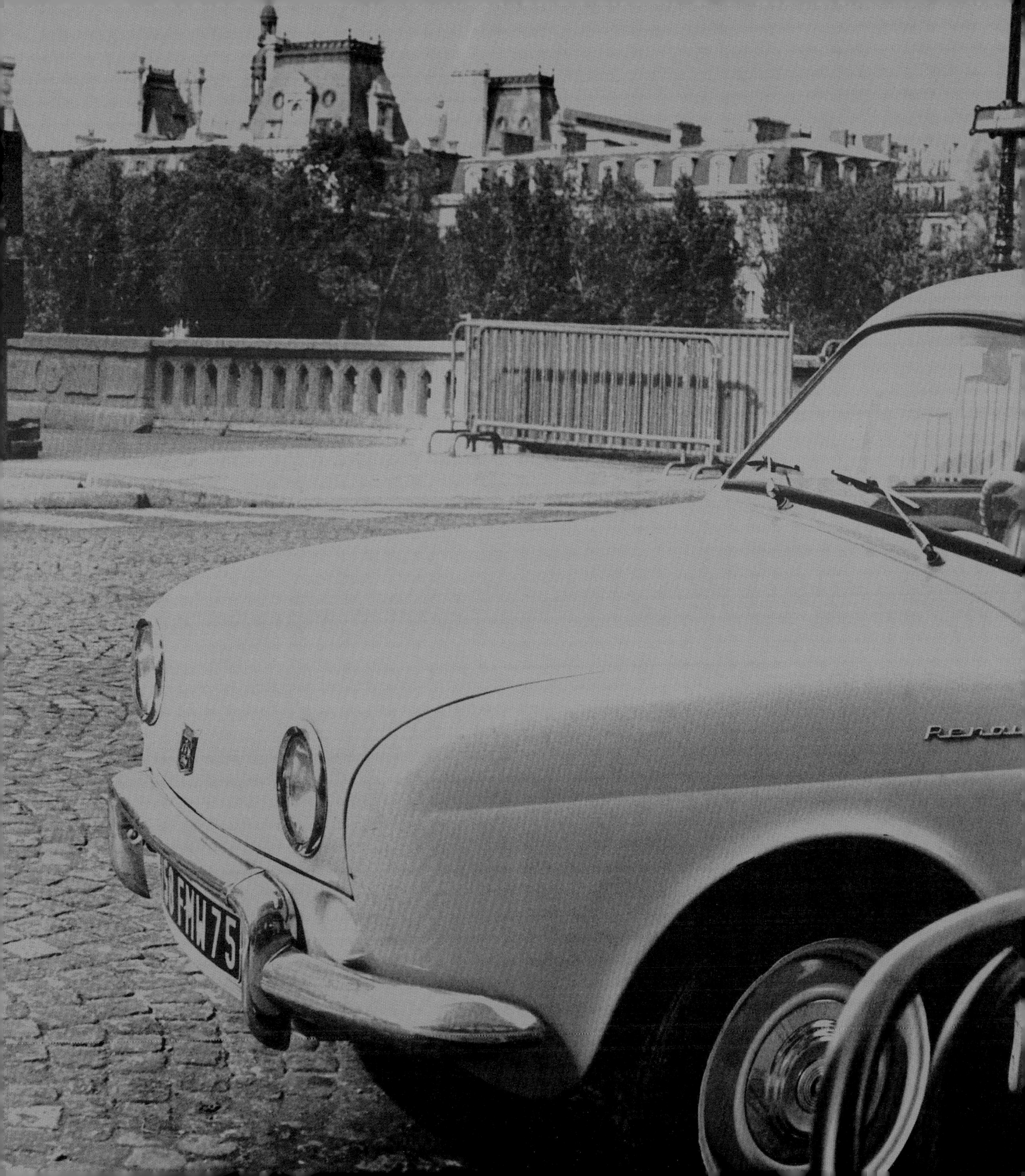

Antonin Carême

vida italiano. O refinamento dos soberanos e da alta nobreza, a valorização do chef – artesão qualificado – e a colaboração de gastrônomos e escritores codificaram a *Grande Cuisine* francesa, que o mundo tanto admira. Na liderança dessa qualificação, a partir do século 17, estiveram La Varenne, inventor de numerosas receitas; Antonin Carême, cozinheiro de Talleyrand e dos Rothschild; e Jean-Anthelme Brillat-Savarin, autor do livro *A fisiologia do gosto*. A lista de personagens notáveis é mais longa. Completou-se no início do século 20 com Auguste Escoffier, autor de *Le guide culinaire*, que redefiniu os padrões da *Grande Cuisine* e favoreceu o seu sucesso internacional. ~ No final do século 18, a Revolução Francesa também contribuiu para a exaltação da cozinha. Em Paris e arredores, chefs dispensados pelos nobres que partiram para o exílio abriram restaurantes para sobreviver. Suas casas colocaram ao alcance da população a comida dos nobres escorraçados. Políticos, intelectuais e negociantes viajaram até a capital para integrar-se à Revolução. Eram cidadãos que precisavam de locais onde comer bem, encontrar pessoas e trocar idéias. Cessado o Terror – o período em que o rei Luís XVI e a rainha Maria Antonieta foram decapitados –, aprimorou-se o prazer à mesa. Enraizada e consagrada, a cultura do restaurante se estendeu aos demais países europeus. ∽ Quando milhões de emigrantes deixaram a Itália entre os séculos 19 e 20, sua culinária exuberante foi relançada no exterior. Décadas depois, ascendeu à moda. O mundo se fascinou com a autenticidade, a riqueza de ingredientes, a variedade e a beleza de suas receitas. Muitas cozinhas nacionais foram invadidas pelo perfume do manjericão, do alecrim e da sálvia, pelo sabor penetrante do alho, pelo delicioso picante do peperoncino, pela personalidade do azeite, pela profusão dos queijos, presuntos e embutidos, pelos variados tipos de massa e, sobretudo, pelas técnicas básicas da cozinha italiana. A pasta, a pizza e, mais recentemente, o risotto tornaram-se de domínio universal. ∽ Qual o significado do Parigi nessa saga? O nome do restaurante sela a aliança entre as duas cozinhas: em italiano, a capital francesa se chama Parigi.

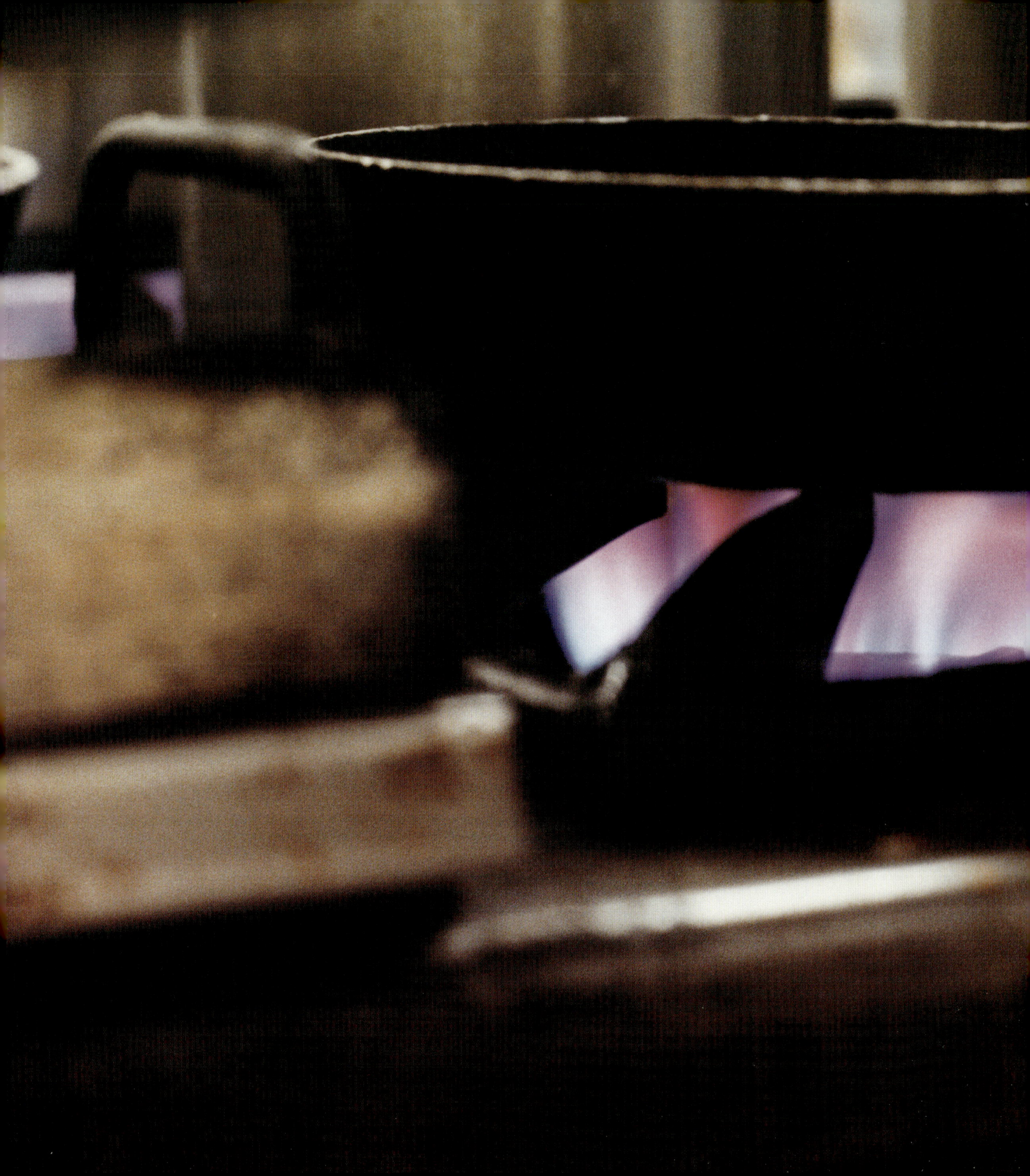

As receitas

CARPACCIO

Genial invenção do restaurateur italiano Giuseppe Cipriani, o carpaccio foi concebido como um prato de fatias de carne bovina fresca (sem nervos ou gorduras), cortadas não muito finas, dispostas como cartas de baralho e servidas em temperatura ambiente. Sobre elas, espalhava-se com o garfo um molho à base de maionese, mostarda, azeite e molho inglês. Assim a receita estreou no Harry's Bar, de Veneza, na década de 50. Hoje em dia, existem opções cozidas, obviamente heréticas. A fórmula original sobrevive, mas agora a carne é congelada e cortada em lâminas tão finas que se enxerga através delas. O carpaccio também pode ser feito de cordeiro, cabrito ou peixe. Surgiram molhos inovadores, e o mais popular combina alcaparra, limão e queijo parmesão. Outras variações do carpaccio levam manga, goiaba, cogumelo, palmito e queijo. Em livro publicado na década de 70, Cipriani conta que desenvolveu a receita para a condessa Amalia Nani Mocenigo. Submetida a severa dieta médica, ela precisou abster-se de uma série de alimentos. Mas o que mais lamentava era a proibição de comer carne cozida ou assada. Penalizado com a situação da cliente e amiga, Cipriani foi à cozinha e, quando voltou ao salão, trouxe um prato à base de finas lâminas de contrafilé cru, a que deu o nome de Carpaccio, em homenagem ao pintor homônimo, nascido em Veneza no século 15, em cujos quadros predominam os tons vermelhos. Eram os mesmos da criação de Cipriani. Mas a inspiração do restaurateur pode ter sido a carne all'albese, uma refinada entrada piemontesa feita com lâminas de carne crua. O tempero, porém, é diferente. Sobre a carne, vão finas lascas de queijo parmesão ou grana Padano. Dependendo da estação do ano, incorpora fatias de trufa branca, cogumelo porcino ou alcachofra crua. O carpaccio chegou ao Brasil na década de 70. O creme de leite e a manteiga começavam a sair de cena. O azeite se tornava o protagonista da culinária. As preparações ficavam mais leves. Não por acaso, o carpaccio tomou o lugar do coquetel de camarão nos cardápios dos restaurantes.

Ingredientes 4 PESSOAS

CARPACCIO
1 peça de filé-mignon com cerca de 500 g

MOLHO TRADICIONAL
100 ml de azeite de oliva extravirgem
2 colheres (sopa) de mostarda de Dijon
35 ml de suco de limão
100 g de queijo parmesão cortado em lascas grandes
sal e pimenta-do-reino

MOLHO FASANO
100 ml de azeite de oliva extravirgem
100 g de azeitona preta
3 filés de alice
20 g de alcaparra
20 g de pinoli

Preparo

Carpaccio: limpe a peça de filé-mignon, eliminando nervuras e gorduras. Envolva a carne num pedaço de filme plástico, formando um cilindro, e leve ao freezer até congelar completamente.

Molho tradicional: misture todos os ingredientes do molho, com exceção do queijo parmesão. Reserve.

Molho Fasano: bata todos os ingredientes do molho, com exceção dos pinoli. Reserve.

Montagem: com máquina de cortar frios ou faca elétrica, corte fatias finíssimas do filé-mignon congelado e disponha nos pratos, cobrindo toda a sua superfície. Para o carpaccio com molho tradicional, tempere com o molho preparado e cubra com o queijo parmesão em lascas. Para o carpaccio com molho Fasano, repita o procedimento, dispondo os pinoli por cima. Sirva imediatamente, acompanhado de torradas.

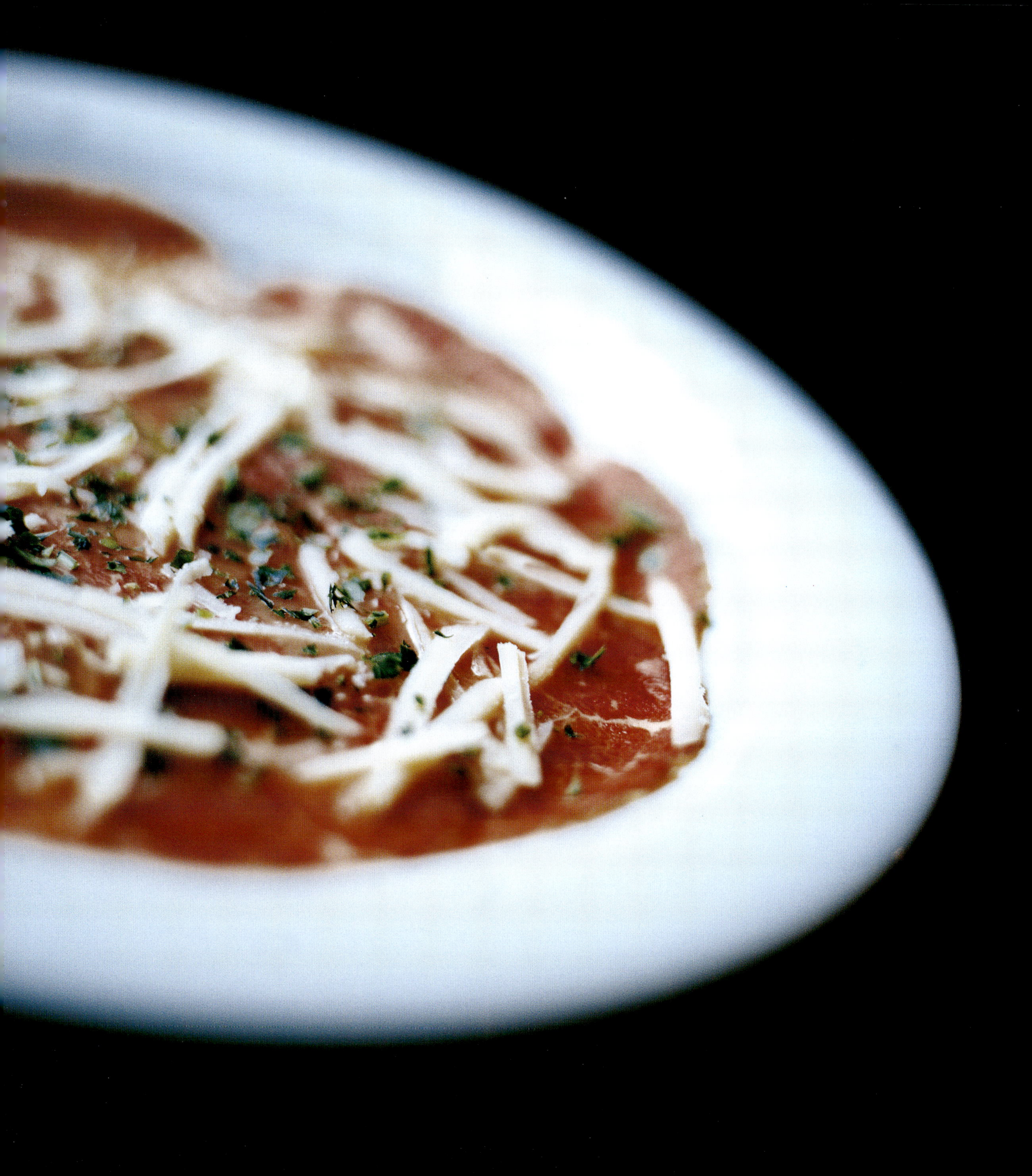

TERRINE DE SAUMON ET ASPERGES

Delicada e charmosa, a terrine é uma preparação que nasceu na França, teoricamente para aproveitar as sobras da cozinha. Permitia a reapresentação dos alimentos em novas formas e combinações. Com o tempo, passou a ser feita de produtos ainda não processados – carnes, peixes ou vegetais –, ascendendo ao vértice do refinamento gastronômico. Seus ingredientes são fatiados ou cortados em cubos e dispostos em camadas no recipiente do preparo. Seguem certa ordem, pois os olhos também exigem sua parte. Ao ser colocada no prato, a terrine deve estar bonita. Alguns chefs criam verdadeiras esculturas de efeito plástico. Depois de pronta, pode ir à mesa em questão de horas, ou dias, caso seja adequadamente conservada. Salmão e aspargo combinam bem. Não por acaso, aparecem juntos em outras receitas. O salmão é um peixe cosmopolita de índole aventureira, que nasce no rio, vive no mar e volta ao local de origem para a reprodução. Existe o do Atlântico, chamado pelos romanos de *salmo-salar*, e o do Pacífico. Possui carne rosada de sabor intenso, apreciada no mundo inteiro. Forma um delicioso contraste com o gosto agradável, delicado e levemente amargo do aspargo – broto de um arbusto perene, que cresce até 1,5 metro de altura e vive cerca de quinze anos. Originário do Mediterrâneo oriental, onde é conhecido desde a Antiguidade, o aspargo se espalhou por vários países do mundo. Os romanos o consideravam alimento dos ricos, pelo alto preço. Na França, o aspargo começou a ser plantado regularmente no século 18, por iniciativa do rei Luís XVI.

Ingredientes 15 PESSOAS

700 g de salmão fresco

MARINADA

2 cenouras picadas
1 cebola picada
1 maço de dill
8 unidades de anis-estrelado
500 g de sal grosso
500 g de açúcar

TERRINE

20 aspargos verdes grandes
3 alhos-porós cortados no sentido do comprimento (somente a parte branca)
30 folhas de gelatina sem sabor incolor
400 ml de caldo de peixe (ver p. 128)

Preparo

Marinada: corte o salmão em fatias finíssimas, cubra com um pano de algodão e coloque por cima todos os temperos da marinada. Leve à geladeira por 24 horas.

Terrine: cozinhe os aspargos, deixando-os al dente, e reserve. Cozinhe o alho-poró e reserve. Numa tigela, coloque as folhas de gelatina num pouco de água, para hidratá-las. Transfira a gelatina para uma panela com o caldo de peixe aquecido e leve ao fogo para dissolver. Não deixe ferver. Cubra o fundo e os lados de uma fôrma de bolo inglês de 20 cm x 8 cm com filme plástico. Disponha 1/4 dos aspargos no fundo da fôrma, coloque por cima um pouco da gelatina, o salmão marinado e por fim o alho-poró. Repita as camadas até acabarem os ingredientes. Cubra a fôrma com filme plástico e leve à geladeira por 24 horas.

Montagem: corte a terrine em fatias finas, coloque-as em pratos individuais e sirva acompanhada de salada verde.

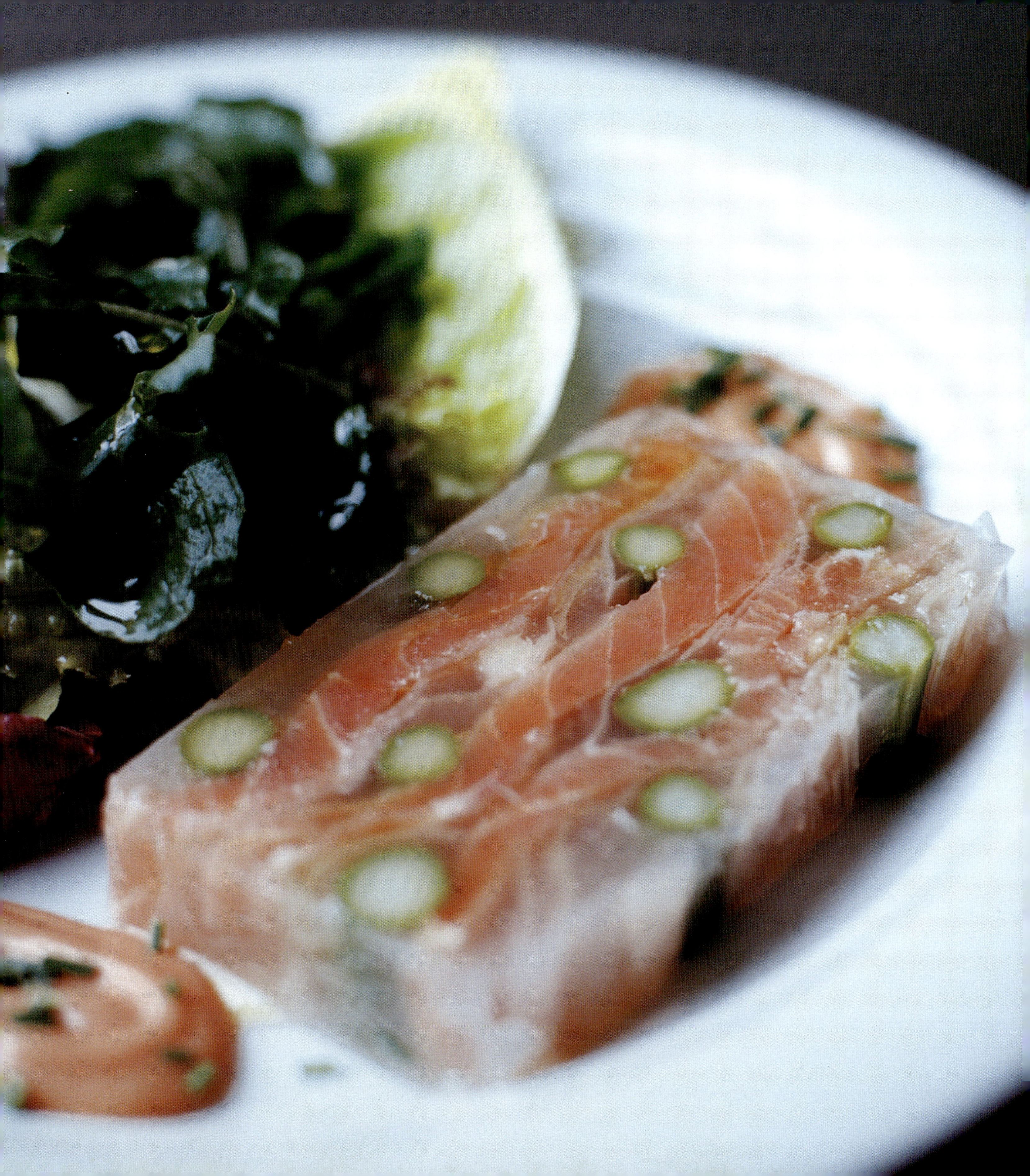

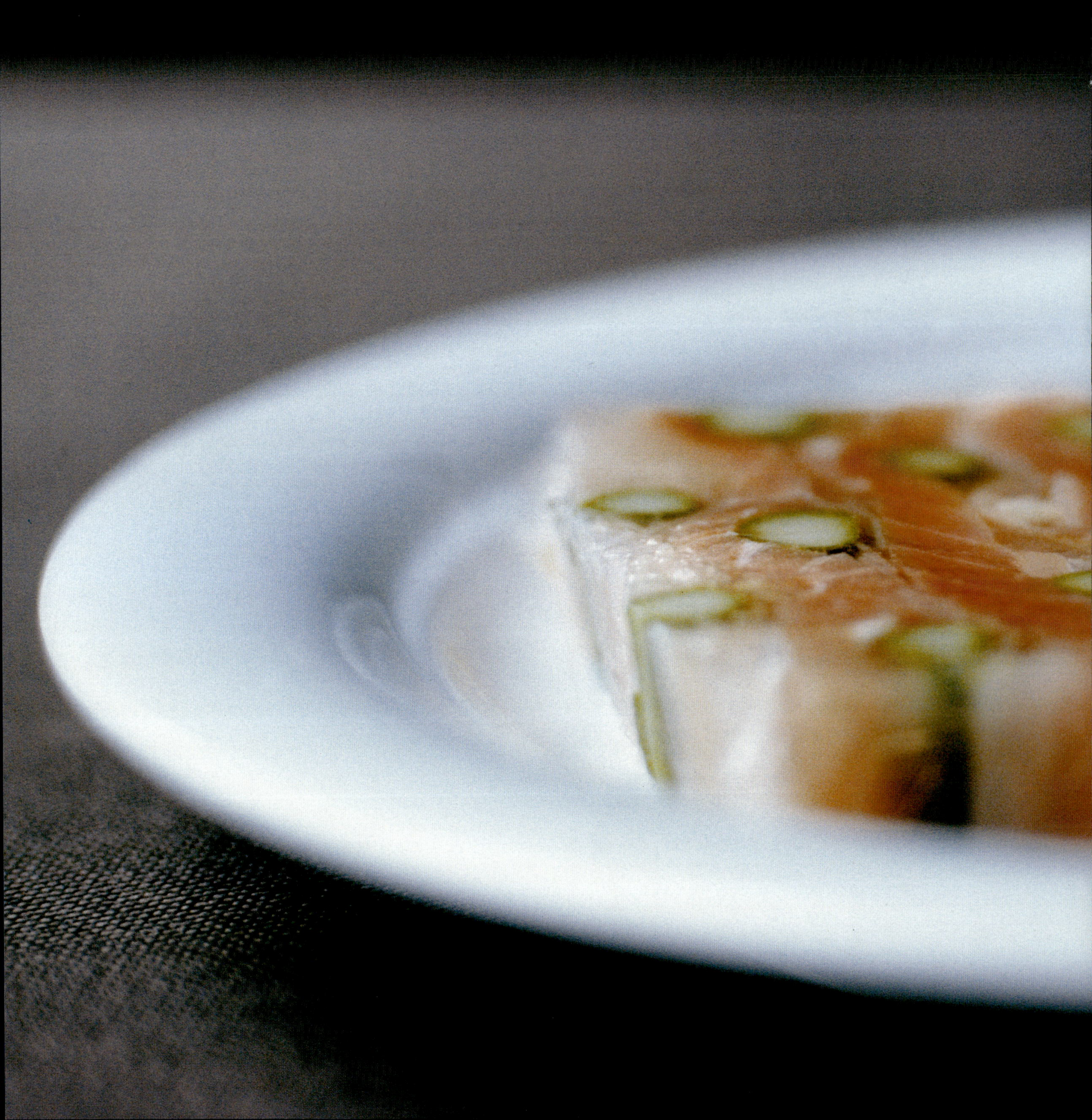

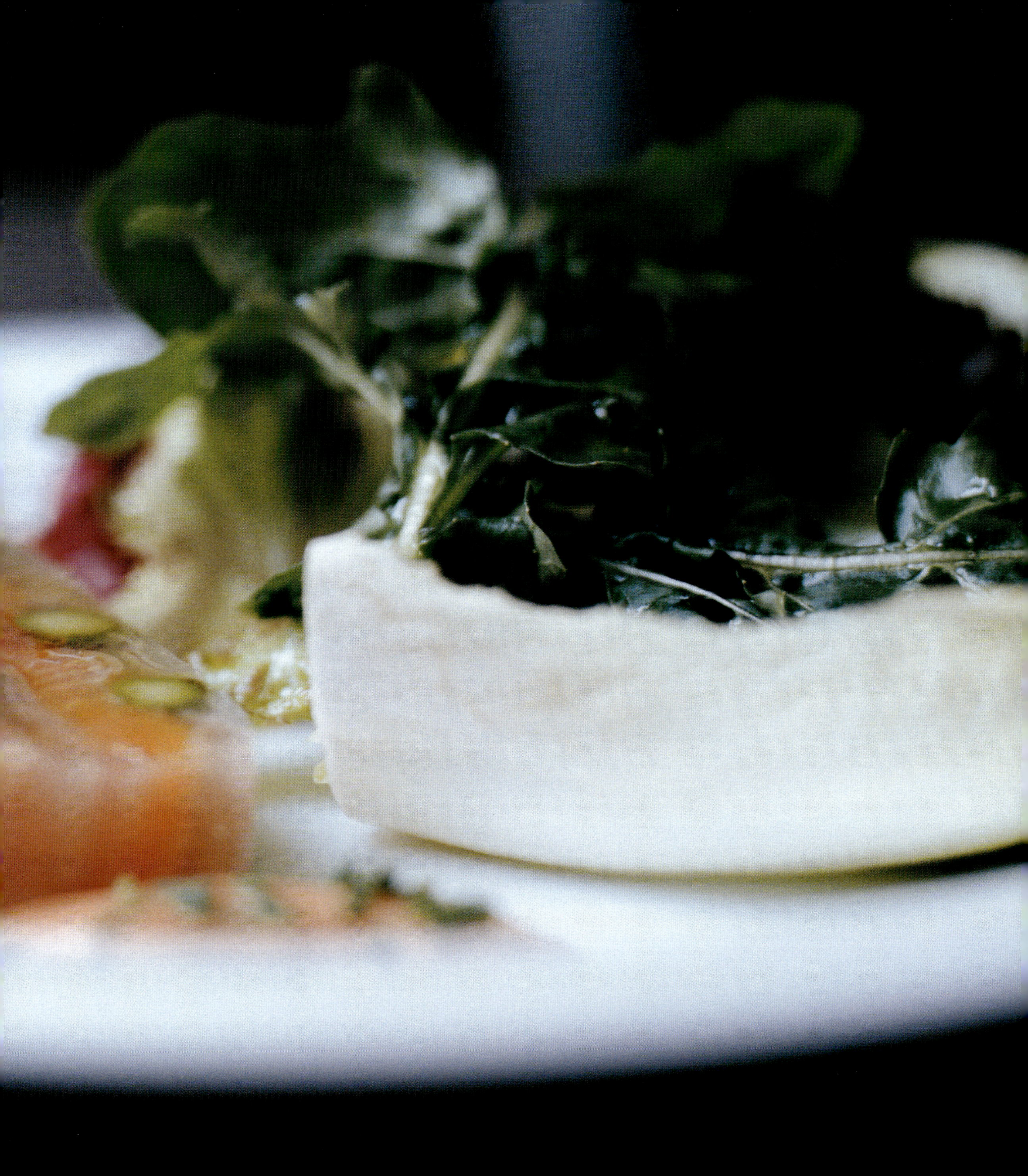

TERRINE DE FOIE GRAS MAISON

GELÉE AU PORTO

A palavra francesa *terrine* designa um recipiente fundo de terracota, porcelana ou ferro esmaltado, com formato retangular, oval ou redondo, geralmente dotado de tampa. Sua primeira virtude é a possibilidade de ir à mesa diretamente do forno. Por analogia, dá-se o nome de terrine ao prato feito nesse recipiente. Algumas vezes os ingredientes são prensados ali, como passo importante da elaboração. Prato típico francês, a terrine de foie gras maison gelée au Porto utiliza uma das mais requintadas matérias-primas da gastronomia mundial. O foie gras de ganso ou pato se encontra no mesmo patamar do caviar e da trufa. A terrine do Parigi foi criada ou inspirada nos três principais centros de produção da especialidade, as regiões da Alsácia e do Périgord e a cidade de Toulouse. O foie gras é o fígado gordo hipertrofiado pela superalimentação. Os franceses são os mais notórios produtores. Mas os húngaros e os bascos da Espanha também se destacam. É alimento ancestral do ser humano. Os egípcios deixaram inscrições que mostram passo a passo a engorda de aves para fazer foie gras. Usavam o ganso, que foi domesticado antes do pato e da galinha, como alimento e como animal de guarda – ele alerta estridentemente para a aproximação de estranhos. Submetiam-no a uma alimentação exagerada, à base de bolinhas de farinha e água. Os romanos preferiam dar figo fresco. Antes de fazer o foie gras, mergulhavam o fígado gordo em leite e mel. Hoje, na zona produtora de Estrasburgo, capital da Alsácia, usam-se nozes. No Périgord e em volta de Toulouse, prefere-se o milho. Exige-se que o foie gras tenha aparência lisa e brilhante. A consistência deve ser firme, mas não rija. A cor varia conforme a região. O de Estrasburgo é branco cremoso, ao passo que o do Périgord e o de Toulouse são mais rosados. Preparado em terrine, é uma entrada magnífica, sobretudo quando servido com pequenos cubos de gelatina ou fatias de pão torrado. Os franceses adoram a última modalidade. Alguns restaurantes até colocam uma torradeira na mesa do cliente. Feito na panela ou no forno, servido quente, o foie gras se torna excelso prato principal. Requer molhos especiais, sobretudo agridoces. Também pode ser consumido cru, temperado apenas com sal grosso. Importante adereço é o vinho com o qual será saboreado. O foie gras combina divinamente com o Sauternes, vinho francês branco e doce.

Ingredientes 4 PESSOAS

TERRINE

600 g de foie gras fresco
40 ml de conhaque
40 ml de vinho do Porto
7 g de sal
2 g de pimenta-do-reino

GELATINA DE PORTO

6 folhas de gelatina sem sabor incolor
300 ml de caldo de carne (ver p. 128)
20 ml de vinho do Porto
sal grosso para servir

Preparo

Terrine: limpe bem o foie gras, eliminando qualquer nervo ou imperfeição. Coloque-o numa vasilha, junte os demais ingredientes e deixe marinar pelo menos 10 horas. Coloque o foie gras com a marinada numa fôrma de bolo inglês de 20 cm x 8 cm e asse em forno preaquecido bem quente (250°C) em banho-maria por 7 minutos. Retire do forno, misture bem e leve ao forno novamente por mais 8 minutos. O foie gras deve ficar morno. Retire novamente do forno, elimine a gordura que se formou e coloque um peso por cima para pressionar a terrine. Elimine toda a gordura que tenha restado. Leve à geladeira por no mínimo 12 horas, para que fique firme. Coloque a fôrma por alguns segundos em água quente e desenforme. Leve à geladeira por mais 1 hora. Reserve.

Gelatina de Porto: coloque a gelatina num pouco de água para amolecer. Aqueça o caldo de carne e o vinho do Porto sem deixar ferver, acrescente a gelatina e misture. Quando a gelatina estiver dissolvida, coloque numa assadeira. Leve à geladeira para que fique firme. Reserve.

Montagem: retire a terrine de foie gras da geladeira, corte em 4 fatias e arrume em pratos individuais, acompanhada da gelatina de Porto, cortada em cubos pequenos, e do sal grosso.

ESCARGOTS À LA BOURGUIGNONNE

Há grande variedade de escargot – o caracol comestível – e infinitas maneiras de prepará-lo. Mas nenhuma receita é tão famosa quanto os escargots à la bourguignonne, que levam manteiga temperada e molho especial e vão à mesa na própria concha. Preparada em todo o mundo, essa receita figura nos livros de cozinha tradicional e chama-se à la bourguignonne numa deferência à Borgonha, região da França que a consagrou. ~ O ser humano come escargots há milhões de anos. No início, assava-os na brasa e os temperava com sal. Assim eram saboreados por gregos e romanos. Além do uso culinário, tinham indicação terapêutica. O grego Hipócrates, pai da medicina, ministrava escargot no tratamento das bronquites. O escritor romano Plínio achava que esse caracol acelerava o parto. Recomendavam-no ainda no combate às irritações de garganta e às hemorragias. ~ Na Grécia, temperava-se o escargot com mel. Em Roma, os nobres o comiam frito, apenas com sal. Só mais tarde se passou a cozinhar o caracol em água e aromatizá-lo com alho e ervas. Começava a ser desenvolvida a receita dos escargots à la bourguignonne. A fórmula definitiva apareceria séculos depois. ~ Outra especialidade da Borgonha é a soupe d'escargots. Na região, antes de serem consumidos, os caracóis ficam entre sete e dez dias em "quarentena". Mas há divergências. Alguns os deixam em jejum; outros os alimentam com alface e tomilho, para que fiquem naturalmente temperados. Idêntica polêmica se trava na Itália, primeiro país em produção de escargot. Em consumo, porém, ninguém bate a França. ~ Os dois países pretendem que adotemos o nome dado por eles ao caracol. A palavra francesa *escargot* vem da provençal *cacalau*, que se converteu em *caragou*. Esta, por sua vez, transformou-se em *escargol*, até chegar ao nome atual. Já os italianos chamam o caracol de *lumaca* ou *chiocciola*. Sora Lella (irmã do ator de cinema Aldo Fabrizi, que trabalhou no clássico *Roma cidade aberta*, de 1945) protagonizou uma história divertida. Talentosa cozinheira, foi convocada a preparar caracóis para um grupo de gastrônomos. Apreciava *lumaca* e tinha várias receitas com o ingrediente. Mas, quando soube que os caracóis eram legítimos escargots franceses, ficou furiosa: "Esses eu não faço! Quem tem coragem de comer animaizinhos tão horrorosos?" Na prática, só fundamentalistas como Sora Lella diferenciam um escargot de uma lumaca. ~ Deixemos que italianos e franceses se acertem. Ou que se desentendam para sempre. O importante é assimilar suas melhores experiências culinárias.

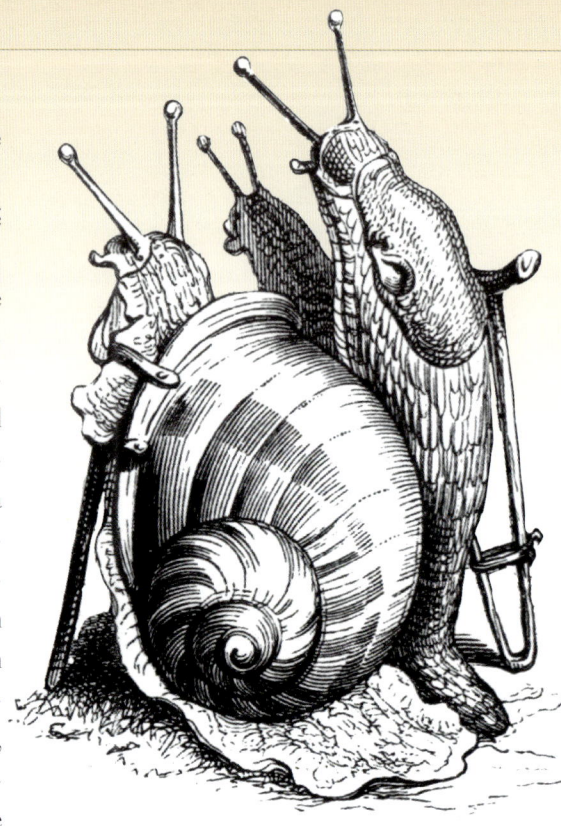

Caricatura de Grandville para o livro Scènes de la vie privé et publique des animaux, Paris, 1842

Ingredientes 4 PESSOAS

ROUX
50 g de manteiga
50 g de farinha de trigo

MOLHO BORDELAISE
1/2 garrafa de vinho tinto
1/2 cebola
3 folhas de sálvia
2 folhas de louro
1 maço pequeno de manjericão
1 ramo de alecrim
1 xícara de caldo de carne (ver p. 128)
sal e pimenta-do-reino

MANTEIGA DE ESCARGOT
1/2 cebola média picada
100 ml de vinho tinto
200 g de manteiga em temperatura ambiente
1 colher (sopa) de alho picado
1 colher (sopa) de salsinha picada
sal e pimenta-do-reino

ESCARGOTS
24 unidades de escargots pré-cozidos
24 "conchas" de escargot
salsinha picada para decorar

Preparo | Roux: aqueça a manteiga em fogo médio e acrescente, aos poucos, a farinha de trigo até que esteja bem incorporada. Reserve.
Molho bordelaise: numa panela, coloque todos os ingredientes do molho, menos o caldo de carne, e leve para ferver em fogo alto. Diminua o fogo e deixe reduzir à metade, por cerca de 30 minutos. Retire os temperos e acrescente o caldo de carne. Leve ao fogo e reduza novamente à metade. Corrija o sal e a pimenta, junte o roux e cozinhe, mexendo sempre, até engrossar. Reserve.
Manteiga de escargot: numa panela, junte a cebola e o vinho tinto e leve ao fogo médio para cozinhar, até que todo o vinho seja absorvido pela cebola. Deixe esfriar. Misture delicadamente a manteiga com o alho, a salsinha e a cebola já fria e tempere com sal e pimenta. Reserve.
Montagem: coloque 1 escargot em cada concha e feche toda a abertura com a manteiga preparada. Disponha em travessas refratárias individuais (6 unidades por pessoa), cubra com mais 1 colher de sopa da manteiga preparada e leve ao forno preaquecido bem quente (250°C), até a manteiga derreter bem. Retire do forno, acrescente 1 colher (sopa) de molho bordelaise sobre cada concha, espalhe salsinha picada por cima e sirva imediatamente, acompanhando de torradas.

INSALATA ALLA CAPRESE

A região da Campania, cuja capital é Nápoles, desenvolveu essa salada a partir de dois ingredientes básicos de sua prodigiosa gastronomia: o tomate e a mussarela de búfala. Temperada com alho, sal, pimenta, azeite extravirgem e manjericão, constitui mais uma obra-prima da cozinha da região. É tão popular que os italianos pedem simplesmente *una caprese*, omitindo a palavra *insalata*. Seu frescor, simplicidade e leveza se inspiram nos fundamentos da culinária mediterrânea, e o nome é uma homenagem à ensolarada ilha de Capri, situada num dos braços do golfo de Nápoles.

Ainda que se sintam honrados, nem todos os habitantes concordam com a deferência. No passado, quando alguém solicitava uma insalata alla caprese, recebia uma porção de frutos do mar, grelhados ou cozidos. Os nostálgicos gostariam que continuasse assim. Já os partidários da versão com tomate e mussarela de búfala argumentam que esta homenageia a cozinha da Campania, tão variada quanto a paisagem da região. Ao sul, além dos impressionantes cenários da costa Amalfitana, há sublimes pratos de frutos do mar. Na parte montanhosa, porém, em pequenas cidades fundadas por gregos e desenvolvidas por romanos, pratica-se uma culinária de raízes continentais, baseada em hortaliças, frutas, azeite e embutidos. Já as férteis planícies do interior se caracterizam por uma agropecuária com produtos de qualidade excepcional.

Ingredientes 4 pessoas

MOLHO

200 ml de azeite de oliva extravirgem
25 ml de suco de limão
25 ml de vinagre de vinho tinto
sal e pimenta-do-reino moída na hora

SALADA

4 tomates-caquis
8 unidades de mussarela de búfala
20 folhas de alface-lisa
20 folhas de rúcula
folhas de manjericão para decorar

Preparo

Molho: misture bem todos os ingredientes e tempere com sal e pimenta. Reserve. **Montagem:** corte os tomates-caquis em rodelas. Corte as mussarelas ao meio. Em pratos, disponha, de um lado, as folhas de alface-lisa e, do outro, as folhas de rúcula. No centro, intercale quatro fatias de tomate-caqui e quatro metades de mussarela de búfala. Misture bem o molho e regue delicadamente a salada. Decore com as folhas de manjericão e sirva imediatamente.

SALADE AU FROMAGE DE CHÈVRE CHAUD

Na acepção moderna, salada é um prato frio composto por um ou mais elementos crus ou cozidos, montados em camadas ou misturados. Na composição entram necessariamente verduras ou legumes, acrescidos ou não de pedaços de carne, peixe e frutos do mar. Convém temperar a salada para enriquecer o sabor. Ela é servida antes dos outros pratos da refeição. Os temperos são o sal, vinagre ou limão, azeite ou um molho emulsionado que reúna esses ingredientes. Também se usa maionese ou mostarda. A mais simples salada requer talento do preparador. Os ingredientes devem ser equilibrados e combinar entre si. No início da carreira, todo o chef aprende essa lição. Se por definição a salada tem de ser fria, como explicar a presença do queijo quente de cabra? Eis uma esperteza da cozinha moderna. Vegetais frios junto com queijo quente provocam um contraste de temperaturas e aumentam o prazer gustativo. Ressalte-se que já há um confronto natural de texturas. Aliás, o próprio sabor do queijo pode variar. Depende do estilo do produtor, da raça das cabras, do tipo de alimentação que receberam, de como são criadas, do método de coagulação, do ponto de maturação e de muitos outros elementos. Apesar da simplicidade, saborear a salada de fromage chèvre chaud é agradável experiência gastronômica.

Ingredientes 4 PESSOAS

MOLHO
200 ml de azeite de oliva extravirgem
25 ml de suco de limão
25 ml de vinagre de vinho tinto
sal e pimenta-do-reino moída na hora

SALADA
4 queijos de cabra com 50 g cada um
sementes de gergelim
12 folhas de alface-lisa
12 folhas de rúcula
12 folhas de alface-roxa
8 folhas de endívia
8 folhas de endívia-roxa
8 folhas de radicchio
8 torradas de baguete regadas com azeite de oliva extravirgem

Preparo
Molho: misture bem todos os ingredientes e tempere com sal e pimenta. Reserve.
Montagem: envolva os queijos de cabra no gergelim, coloque-os numa assadeira untada com um pouco de azeite e leve ao forno preaquecido quente (220°C). Enquanto isso, arrume as folhas da salada em pratos individuais. Quando o queijo estiver bem quente, tempere as folhas e coloque no centro o queijo de cabra e as torradas. Sirva imediatamente.

BLINI AU SAUMON

(CRÈME MOSCOVITE)

Na primeira metade do século 20, quando os franceses se entregaram definitivamente ao prazer do caviar (influenciados pelo bom gosto dos príncipes russos exilados em Paris após a revolução comunista de 1917), eles também aprenderam a comer blini. Essas duas especialidades nasceram uma para outra. O blini é uma espécie de crepe salgado, feito com massa levedada, que leva farinhas de trigo comum e sarraceno, ovos, manteiga, água, leite e *smitane*, ou um sucedâneo desse creme azedo. Acompanha hors d'oeuvres em geral. Pode ser coberto com fatias de salmão ou arenque defumados. Mas é na condição de leito do caviar – ou, igualmente, das ovas do salmão – que o blini se converte em preciosa jóia gastronômica. Sobre o blini pode haver também uma camada de *smitane*. Mais acima, em triunfo apetitoso, coloca-se caviar ou ovas de salmão. A *smitane*, obtida por meio da fermentação biológica, é um preparado típico da cozinha da Europa central e oriental. Ali, é usada em temperos de guisados e ensopados, no chucrute, na salada de batata e no meio do borscht. Na falta, há alternativas como a falsa *smitane*, que mistura creme de leite, ricota, limão, vinagre e sal e deixa a batedeira antes do ponto de chantilly; e a crème moscovite, feita com creme de leite e sal. A *smitane* apareceu no cinema coroando os blinis demidof, um dos pratos apresentados pela cozinheira-chef do Café Anglais, de Paris, incógnita em seu exílio dinamarquês, no monumental jantar de *A festa de Babette*.

Ingredientes 4 pessoas

BLINI
100 g de farinha de trigo
125 ml de leite
1 ovo
50 g de trigo-sarraceno peneirado
20 g de fermento fresco
80 ml de cerveja
óleo de milho para fritar

CRÈME MOSCOVITE
125 g de creme de leite fresco
40 ml de vodca
sal

MONTAGEM
30 g de ovas de salmão
cebolinha-francesa picada
12 fatias de salmão marinado (ver p. 42)
azeite de oliva extravirgem

Preparo | Blini: numa tigela, coloque a farinha de trigo, o leite e a gema e mexa bem. Em outra vasilha, coloque o trigo-sarraceno, o fermento e a cerveja, misture bem e reserve. Bata a clara em neve firme. Junte a mistura de fermento à mistura de farinha e mexa bem. Acrescente a clara em neve e misture novamente. Deixe descansar por 1 hora. Numa frigideira pequena, com cerca de 8 cm de diâmetro, aqueça um pouco de óleo de milho e acrescente 1/4 da massa. Frite lentamente de ambos os lados. Deixe esfriar e reserve.
Crème moscovite: misture bem os ingredientes e bata com batedor de arame até atingir ponto de chantilly. Reserve.
Montagem: disponha num prato, perto das bordas, um pouco das ovas intercaladas com a cebolinha-francesa. Coloque o blini no centro e, por cima, 3 fatias de salmão marinado. Despeje 1 colher (sopa) de crème moscovite, mais um pouco das ovas, e regue com um fio de azeite. Sirva a seguir.

Cardápio da corte russa, 1913

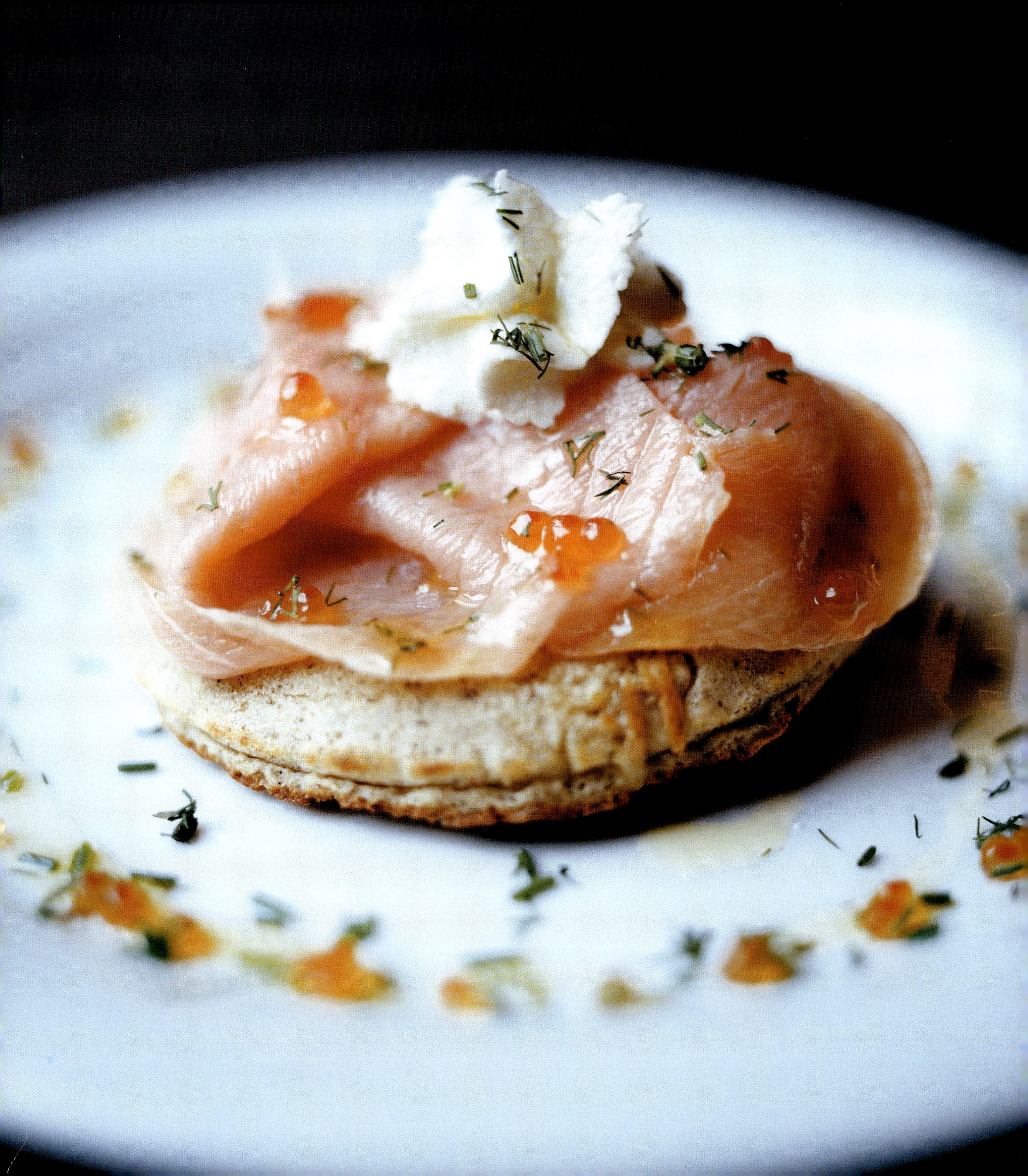

SOUFFLÉ AU FROMAGE

DE CHÈVRE FRAIS

Segundo uma lenda, o soufflé foi criado na França por obra de um cozinheiro de espírito investigativo. Tinha pronto um creme e resolveu bater alguns ovos e juntar tudo. Em seguida, levou a mistura ao forno para ver o que acontecia. Teria surgido assim o primeiro soufflé. Até meados do século 20, a maioria dos restaurantes de Paris exibia pelo menos uma opção no cardápio. Algumas casas se dedicavam exclusivamente ao prato, oferecendo soufflés doces, salgados, encorpados ou leves. ～ Não é uma preparação difícil, mas pode ser traiçoeira. Entre outros cuidados, exige que o cozinheiro resista à tentação de retirá-lo do forno assim que crescer. O soufflé deve ficar bem cozido, com o calor tendo penetrado na mistura e as claras estando livres do aspecto albuminoso. ～ O que tinham em comum o primeiro-ministro Winston Churchill, o barão de Rothschild e o general Charles de Gaulle? Os três adoravam soufflé de queijo de cabra, semelhante ao do Parigi. Demonstravam bom gosto. O soufflé de queijo de cabra é uma elaboração suave e elegante, que proporciona raro prazer gustativo. ～ O primeiro animal domesticado pelo homem foi o cão, que o ajudava a caçar nos tempos do nomadismo. A ovelha veio depois. Mais adiante foi a vez da cabra. Escavações em vestígios arqueológicos do sétimo milênio a.C. mostram esses animais. Criando ovelhas e cabras para obter o leite, nossos ancestrais inauguravam a civilização.

Ingredientes 4 PESSOAS
100 g de manteiga
100 g de farinha de trigo
500 ml de leite frio
100 g de queijo de cabra picado
6 gemas e 10 claras
manteiga para untar
50 g de queijo parmesão ralado para polvilhar as forminhas
sal e pimenta-do-reino
noz-moscada ralada

Preparo: unte com manteiga 4 forminhas refratárias para suflê de cerca de 8 cm de diâmetro e polvilhe com o queijo parmesão ralado. Reserve.

Numa panela, derreta a manteiga, acrescente a farinha de trigo e misture bem por cerca de 5 minutos. Junte o leite aos poucos, tomando cuidado para não empelotar, e mexa sem parar até obter um creme liso e espesso. Acrescente o queijo de cabra e mexa até que esteja derretido. Retire do fogo e tempere com sal, pimenta e noz-moscada. Deixe esfriar. Junte as gemas peneiradas e misture. Bata as claras em neve firme. Retire um pouco das claras com uma colher e misture ao creme de queijo. Acrescente lentamente ao creme de queijo o restante das claras batidas (quanto mais delicadamente, melhor, porque disso dependerá a leveza do suflê). Despeje nas forminhas preparadas e asse em forno preaquecido quente (220°C) por 15 minutos. Sirva imediatamente.

SOUPE À L'OIGNON

Há milhões de anos conhecemos a sopa, preciosa invenção da cozinha camponesa. Os gregos a faziam com sangue de certos animais, vinagre e ervas aromáticas. No entanto, permanecia como alimento rural. Na época dos romanos, a sopa foi difundida em todas as classes sociais e até subiu à mesa dos imperadores. Conta-se que Nero mandou incendiar Roma no ano 64 d.C. e pôs a culpa nos cristãos, mas que, na verdade, ele queria reconstruir a cidade com prédios a seu gosto e abrir espaço para seu novo palácio – a Domus Aurea. Enquanto a cidade queimava, Nero declamava versos e cantava. Para preparar as cordas vocais, tomara um caldo morno de alho-poró. Ainda hoje, os italianos acreditam que sopa faz bem à voz. Mas são os franceses que reivindicam a glória do aprimoramento da receita. Na Idade Média, colocavam no fundo do prato um pedaço de pão e sobre ele derramavam um caldo de vinho diluído em água ou um molho aromático e ralo. Atualmente, a palavra *sopa* tem acepção mais ampla. É um caldo quente ou frio à base de carne, peixe, vegetal ou massa, servido como primeiro prato. O pão continua seu parceiro, mas na maioria das vezes fica ao lado, no papel de coadjuvante. Até o século 18, os franceses preferiam chamar a preparação de *soupe*. Hoje, também empregam o termo *potage*. A soupe à l'oignon é uma de suas melhores receitas. Pode ser encontrada em qualquer bistrô de Paris. Continua sendo pedida pelos boêmios, que desejam silenciar o clamor do estômago após a esticada noturna.

Ingredientes 4 PESSOAS

1 kg de cebola
50 g de manteiga
50 g de farinha de trigo
1 litro de caldo de carne quente (ver p. 128)
4 torradas de pão francês com cerca de 0,5 cm de espessura
100 g de queijo parmesão ralado grosso
sal e pimenta-do-reino

Preparo: corte a cebola em rodelas bem finas. Numa panela, aqueça a manteiga, junte a cebola e cozinhe em fogo baixo por cerca de 30 minutos. Polvilhe a farinha de trigo sobre a cebola e cozinhe por mais 3 minutos. Acrescente o caldo de carne, corrija o sal, tempere com a pimenta e cozinhe por 30 minutos. Despeje a sopa aquecida em 4 pratos refratários. Coloque 1 torrada em cada prato, espalhe por cima o queijo parmesão e leve ao forno preaquecido bem quente (250°C) para gratinar. Sirva imediatamente.

POLENTA AU CAMEMBERT

Preparada com farinha de milho, água fervente e sal e mexida lentamente para não formar grumos, a polenta surgiu na Itália meio século após Cristóvão Colombo ter descoberto a América. O navegador genovês veio da Europa em busca de tesouros que não encontrou no Novo Mundo. Mas voltou com produtos ainda mais preciosos, a começar pelo milho. Seus grãos foram semeados na Andaluzia e dali se espalharam pelo continente. Na Itália, o plantio do milho começou no norte, no início do século 16. Esse vegetal, de fácil cultivo, rápido crescimento, alta produtividade e bastante sabor, alcançou sucesso imediato. Seu principal destino era a farinha da polenta – alimento barato que ajudou a matar a fome de sucessivas gerações. ~ Amarela ou branca, a polenta pode ser consumida sozinha, com ou sem molho. Serve como entrada, prato principal ou acompanhamento. Combina não só com molhos à base de tomate, ervilha, espinafre e outros vegetais, mas também com queijos italianos como o fontina, o gorgonzola e o mascarpone ou franceses como o roquefort e camembert; cogumelos variados; carne de ave, porco e javali; e inúmeras caças. ~ Na Itália, explora-se amplamente sua versatilidade. No Friuli, é servida sob filés de rodovalho aromatizados com alho. No Vêneto, acompanha receitas de bacalhau. Na Lombardia, vai à mesa com passarinhos dourados na manteiga. No centro do país, harmoniza-se com a lingüiça de porco. No Piemonte, recebe ovo frito na manteiga e lâminas de trufa branca. ~ O Friuli e a Lombardia disputam a invenção da polenta. O primeiro apresenta documentos que comprovam o consumo de milho já em meados do século 16. A segunda diz que isso não comprova nenhuma primazia. Os lombardos afirmam que Bérgamo, uma de suas cidades, possui as mais antigas receitas de polenta, datadas do século 17. ~ Igualmente controversa é a origem do nome do prato. Para alguns, viria do grego *poltos*, sopa feita com trigo ou cevada. Outros sustentam derivar do latim *pollen*, farinha fina. Há quem acredite vir de *puls* ou *pulmentum*, um mingau preparado com grão cozido de trigo ou fava que alimentava as legiões de César. Em suas expedições, os soldados carregavam apenas a farinha desses grãos, à qual acrescentavam água ou leite dos lugares onde estivessem. ~ O gastrônomo romano Marco Gávio Apício, que no século 1 d.C. teria escrito o mais importante receituário de seu tempo, intitulado *De re coquinaria*, referiu-se a um mingau chamado *puls punica*, à base de farinha de trigo, queijo fresco, mel e ovos. ~ O *Aurélio* se limita a registrar que "polenta" vem do vocábulo homônimo italiano e significa "massa ou pasta de farinha de milho". Marcella Hazan, professora de culinária em Veneza, autora de *Fundamentos da cozinha italiana clássica* (publicado no Brasil em 1997 pela Martins Fontes), tenta encerrar a questão. Em seu entender, não se pode traduzir a palavra *polenta*. Chamá-la de "massa" ou "pasta de farinha de milho" é fazer "uso indelicado da língua italiana".

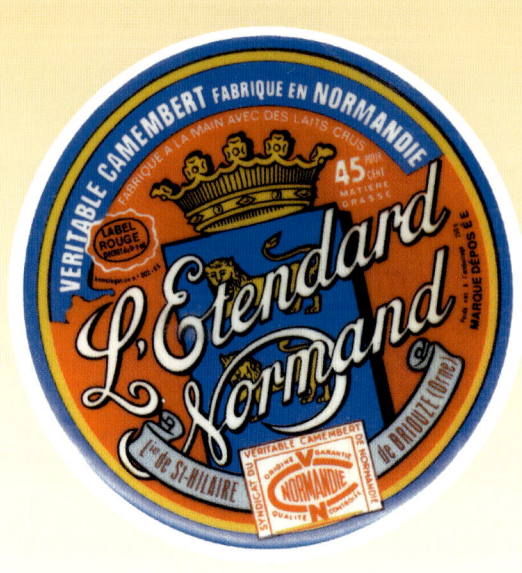

A Abadia de Viboldone, do século 12, em plena "pianura lombarda"

ingredientes 4 pessoas

POLENTA

500 ml de caldo de carne (ver p. 128)
500 ml de água
50 g de manteiga
2 g de açafrão em pó
250 g de polenta amarela de grano duro
100 ml de azeite de oliva extravirgem
3 colheres (sopa) de queijo parmesão ralado

RECHEIO

250 g de queijo camembert
125 g de creme de leite fresco

Preparo

Polenta: numa panela, aqueça o caldo de carne com a água e junte a manteiga e o açafrão. Baixe o fogo e, com cuidado, despeje a polenta lentamente (como uma "chuva"). Cozinhe a polenta mexendo constantemente por cerca de 10 minutos, até que fique consistente. Acrescente o azeite e misture vigorosamente.

Recheio: retire a cobertura branca do queijo e pique-o. Aqueça o creme de leite, incorpore o camembert e, em fogo baixo, mexa até estar completamente derretido. Reserve.

Montagem: coloque a polenta em pratos individuais (cerca de 1 concha para cada pessoa). Faça uma depressão no centro e despeje o recheio de camembert. Disponha o queijo parmesão por cima e leve ao forno preaquecido bem quente (250°C) para gratinar. Sirva imediatamente.

GNOCCHI ALLA ROMANA

O primeiro tipo de massa caseira italiana recebeu o nome de *gnocchi*. A bem dizer, chamaram-na inicialmente de macarrão. Durante a Idade Média, porém, já exibia o nome atual. É palavra plural. Significa "pelotas" ou "pelotinhas". Portanto, seria conveniente dizer "os" e não "o" gnocchi. ~ Mas isso não acontece. Se falarmos no singular, ou seja, *gnocco*, estaremos nos referindo a um enrolado de verdura italiano que, embrulhado num pano, é cozido em água e depois cortado em fatias; ou a uma focaccia tradicional da região da Emilia-Romagna. A grafia portuguesa também é discutível. No Brasil, escrevemos nhoque. Parece vocábulo tupi, aparentado com nhandu (ema) e nhenhenhém (falatório interminável). ~ A massa-base do gnocchi já foi preparada com vários tipos de farinha, sobretudo a de trigo ou arroz – e até com miolo de pão. Anos mais tarde, recebeu espinafre, queijo, castanha, carne ou peixe. Com a descoberta da América e a introdução de ingredientes vindos do Novo Mundo, surgiram os gnocchi di polenta na região da Toscana e os gnocchi di patata, amplamente difundidos no Piemonte, no Vêneto e no norte da Itália – embora seja conhecido até no sul do país. A *Grande enciclopedia illustrata della gastronomia*, publicada em Milão pela Reader's Digest, identifica atualmente os gnocchi di patata, os alla parigina (moldados com farinha pré-cozida) e os alla romana (de semolina, no qual alguns especialistas vislumbram influência piemontesa). A seguir, a enciclopédia aponta alguns tipos particulares: di susine (ameixa), di cacao (chocolate) e di zucca (moranga), feito na Lombardia. ~ No passado, os gnocchi eram um elaborado tipicamente italiano. Hoje, caíram no domínio internacional. Na Alemanha, existe um prato assemelhado: os *spätze*, que acompanham caça ou carne assada. Também o preparam gratinado e em sopas. A Hungria repete a receita, mudando o nome para *galuska*. Ali, é servido com o goulash, ensopado de carne conhecido desde o século 9. Ambos os pratos são feitos com farinha de trigo. No Brasil, o chef francês Laurent Suaudeau criou os gnocchi de milho-verde. A imaginação culinária desconhece limites: outros cozinheiros desenvolveram os gnocchi de batata-doce, mandioca e mandioquinha.

Ingredientes 4 PESSOAS

1 litro de leite
250 ml de caldo de carne (ver p. 128)
50 g de manteiga
50 g de queijo parmesão
1 gema
250 g de sêmola de trigo
manteiga para untar
queijo parmesão ralado para gratinar
noz-moscada ralada
sal e pimenta-do-reino

Preparo: leve ao fogo numa panela o leite, o caldo de carne, a manteiga, o queijo parmesão e a noz-moscada. Quando estiver aquecido, acrescente a gema, mexendo sempre, e junte a sêmola aos poucos, sem parar de mexer. Corrija o sal, tempere com a pimenta e cozinhe misturando sem parar, com colher de pau, por cerca de 20 minutos, até que o fundo da panela apareça. Despeje numa fôrma com cerca de 1,5 cm de altura, deixe esfriar e leve à geladeira por cerca de 1 hora, para que fique bem firme. Corte em rodelas com um cortador redondo e coloque numa fôrma untada com manteiga. Por cima, disponha um pouco de queijo parmesão e leve ao forno preaquecido bem quente (250°C) até que esteja bem quente e gratinado. Sirva imediatamente.

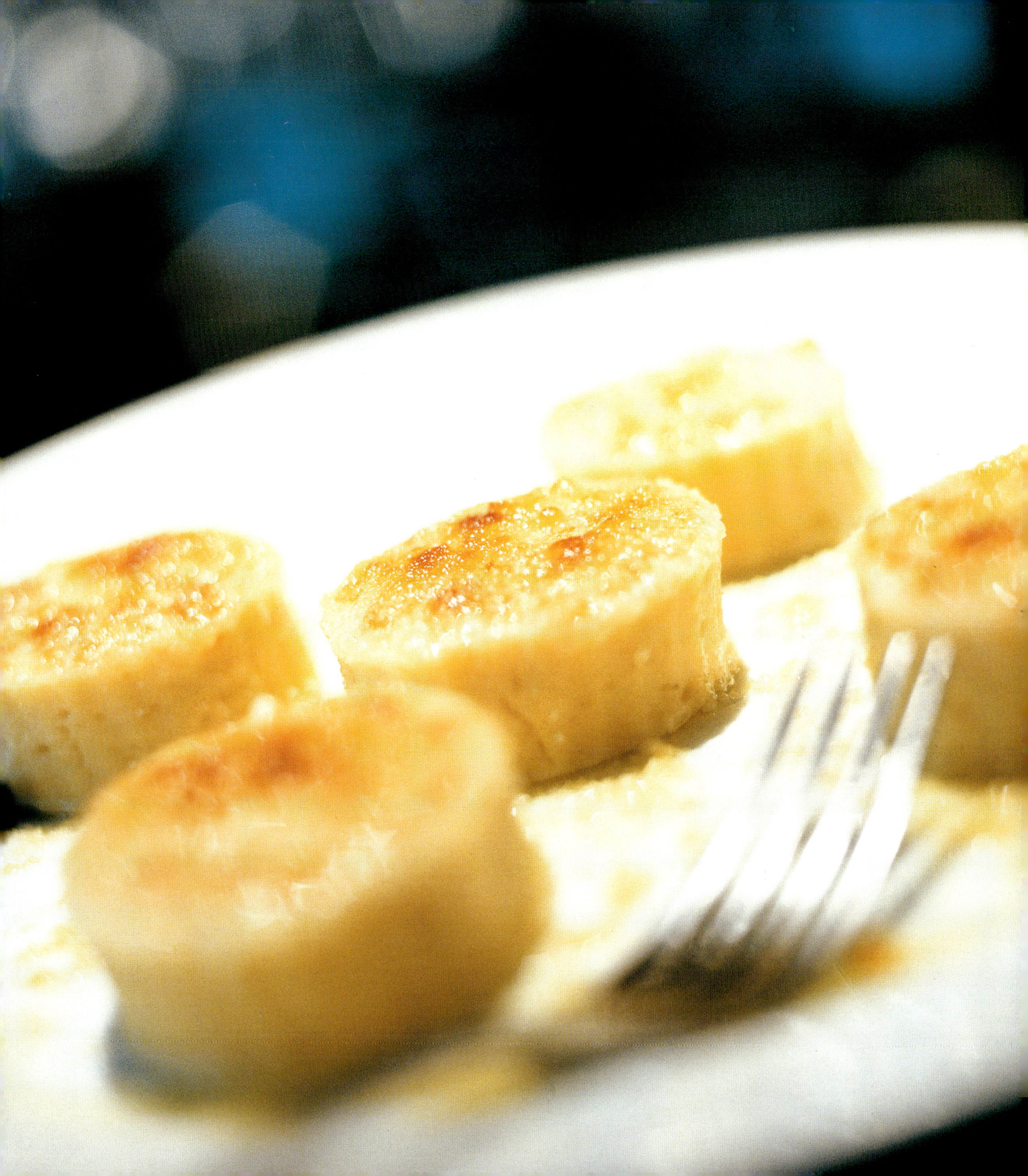

TORTELLONI MANTOVANO

Especialidade de Mantova, cidade da Lombardia, os tortelli são massas recheadas de tradição secular. Existem pelo menos desde o século 14. No início de 1500, foram mencionadas pelo poeta mantovano Teófilo Folengo, num livro cômico-grotesco sobre a vida dos camponeses. Geralmente têm recheio de *magro* – que na linguagem gastronômica italiana significa polpa de vitelo ou de porco. Chamam-se tortelloni quando a massa é de tamanho grande. Não constituem exclusividade de Mantova, pois aparecem tanto na Lombardia como na vizinha região da Emilia-Romagna. Em Mantova, os tortelli típicos possuem recheio de abóbora, misturado com biscoitos Amaretti triturados, noz-moscada, sal e pimenta-do-reino. O molho engloba manteiga, amêndoas, noz-moscada e queijo parmesão ou grana padano. Saboreados na vigília do Natal, os tortelli atendem ao extinto preceito católico da abstenção de carne nessa data, norma ainda respeitada pela população local. Na ceia de ricos e pobres, comparecem ao lado da enguia marinada e do torrone. Na encantadora cidade medieval lombarda de Lodi, o recheio se resume a abóbora e carne, e o molho, a um ragu. Algumas localidades da Emilia-Romagna possuem igualmente versões com recheio doce. As variações locais são mesmo infinitas. Há tortelli de ricota, espinafre, beterraba, batata e daí por diante.

Ingredientes 4 pessoas

RECHEIO
1 kg de abóbora bem seca
100 g de biscoito Amaretti
sal e pimenta-do-reino
noz-moscada

MASSA BÁSICA
4 ovos grandes
550 g de farinha de trigo
sal

MOLHO
50 g de amêndoas em lâminas finas
150 g de queijo parmesão ralado
noz-moscada
150 g de manteiga

Preparo | **Recheio:** asse a abóbora em forno preaquecido moderado (180°C) até que esteja macia. Retire do forno, descarte as sementes e a casca e passe a polpa por uma peneira. Esmigalhe os biscoitos até formar uma farofa. Misture com a abóbora peneirada e tempere com sal, pimenta e noz-moscada. Reserve.

Massa básica: misture os ovos, a farinha de trigo e um pouco de sal até formar uma massa homogênea. Abra num cilindro ou com um rolo de macarrão, deixando-a o mais fino possível – cerca de 0,5 mm. Coloque uma pequena quantidade de recheio (cerca de 1/2 colher de sopa) sobre a massa a intervalos regulares e cubra com outra folha de massa. Pressione uma folha sobre a outra e corte com cortador redondo de 4 cm de diâmetro.

Montagem: coloque as amêndoas em uma assadeira e leve ao forno preaquecido baixo (150°C) para dourar. Reserve. Cozinhe os tortelloni em bastante água salgada fervente (para cada 100 g de massa, calcule 1 litro de água). Escorra. Disponha os tortelloni em pratos individuais. Espalhe por cima o queijo parmesão, as amêndoas, a noz-moscada e, por último, a manteiga, previamente derretida. Sirva imediatamente.

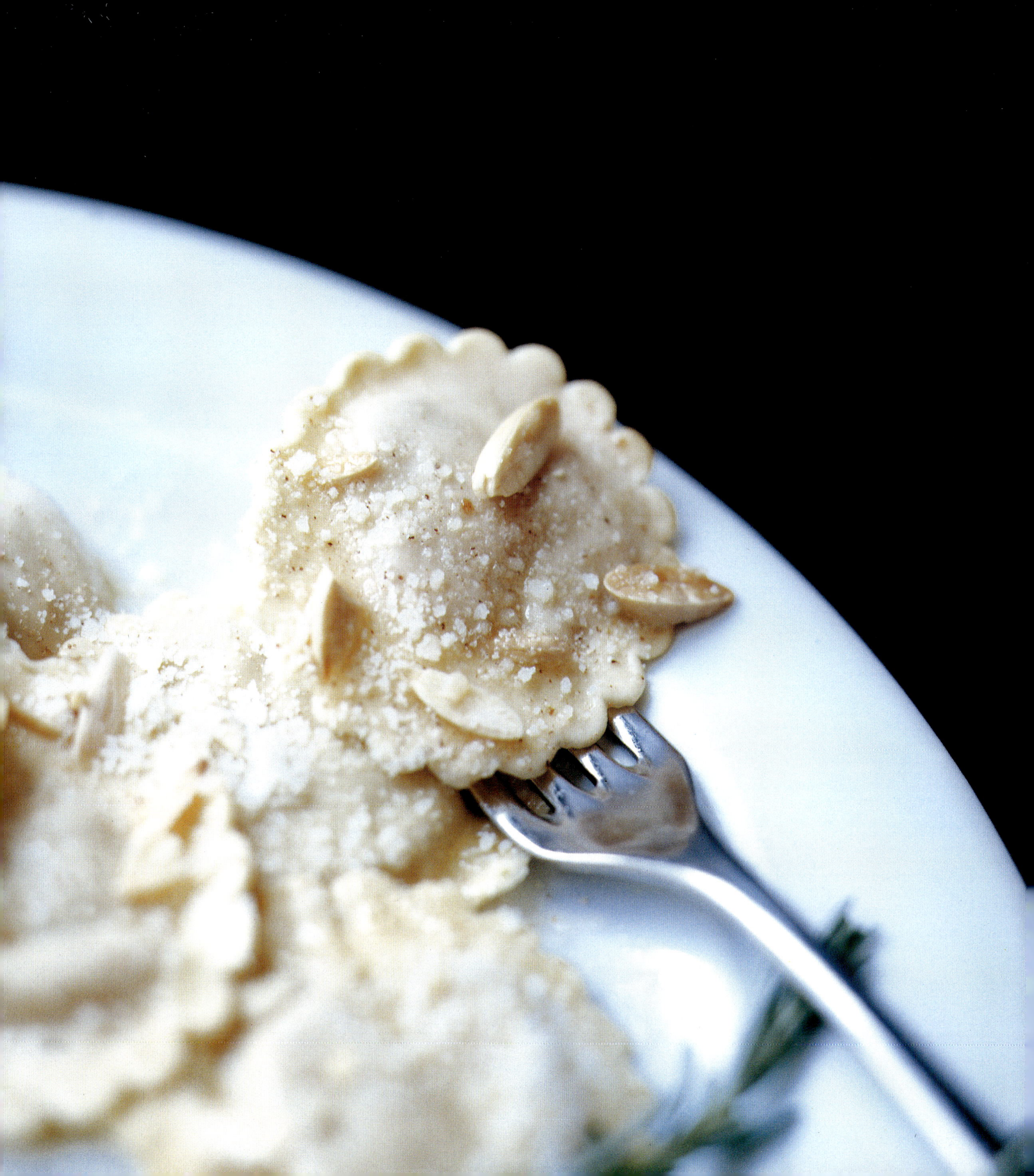

CASONCELLI ALL'AMPEZZANA

A massa recheada italiana apresenta tantas subdivisões que algumas dúvidas sobre suas características só ficam esclarecidas após extensa consulta a livros especializados. Ligeiras mudanças no formato ou no recheio rebatizam a preparação. Às vezes, a massa muda de nome porque é feita em certa localidade cinco quilômetros adiante. Isso também acontece com os casoncelli. Em Brescia, na região da Lombardia, denominam-se *cansocei*. São moldados no formato de tubinhos fechados e recheados com lingüiça, pão, ovo e queijo. Na Cortina d'Ampezzo, principal estação de esqui da Itália, no nordeste do país, chamam-se casoncelli mesmo. Pequenas meias-luas de massa envolvem uma mistura de ricota e beterraba – o segundo ingrediente pode ser trocado por batata. Elaboradas nos restaurantes da Cortina d'Ampezzo, alimentam a alta sociedade de Turim e Milão, que aparece para deslizar sobre a neve das impressionantes montanhas das Dolomitas. A origem da massa recheada é controversa. Para alguns, nasceu para incorporar a sofisticação das refeições principescas, o que explicaria recheios com stratacotto, brasato e outras carnes enriquecidas. Para outros, surgiu da necessidade de requintar a massa, usando os melhores produtos do mercado. A terceira hipótese sustenta que a massa recheada seria uma evolução dos gnocchi, repetindo o que sucedeu ao knödel da região do Trentino e do alto Ádige, acrescido de fígado, speck, pão ou ervas. Qualquer que seja a versão correta, a origem da massa recheada é antiga. Um código toscano do século 14 já distinguia os ravioli de queijo e os de carne ou verdura.

Detalhe de cartaz turístico de Cortina d'Ampezzo, 1928

Ingredientes 4 PESSOAS

RECHEIO
1 beterraba grande
250 g de ricota fresca passada pela peneira
noz-moscada
sal e pimenta-do-reino

MASSA BÁSICA
4 ovos grandes
550 g de farinha de trigo
sal

MOLHO
100 g de manteiga
20 folhas de sálvia
50 g de queijo parmesão ralado
sementes de papoula para decorar
sal

Preparo

Recheio: cozinhe a beterraba com a casca em água, deixe esfriar e descasque. Bata no processador e misture com a ricota. Tempere com noz-moscada, sal e pimenta. Reserve.

Massa básica: misture os ovos com a farinha de trigo e um pouco de sal até formar uma massa homogênea. Abra num cilindro ou com um rolo de macarrão, deixando-a o mais fino possível (cerca de 0,5 mm). Coloque uma pequena quantidade de recheio (cerca de 1/2 colher de sopa) sobre a massa a intervalos regulares e cubra com outra folha de massa. Pressione uma folha sobre a outra e corte com cortador redondo de 6 cm de diâmetro.

Montagem: numa panela pequena, aqueça a manteiga sem deixar escurecer e acrescente a sálvia e o sal. Cozinhe os casoncelli em bastante água salgada fervente (para cada 100 g de massa calcule 1 litro de água). Escorra. Disponha os casoncelli em pratos individuais. Espalhe por cima a manteiga com sálvia e o queijo parmesão e decore com as sementes de papoula. Sirva imediatamente.

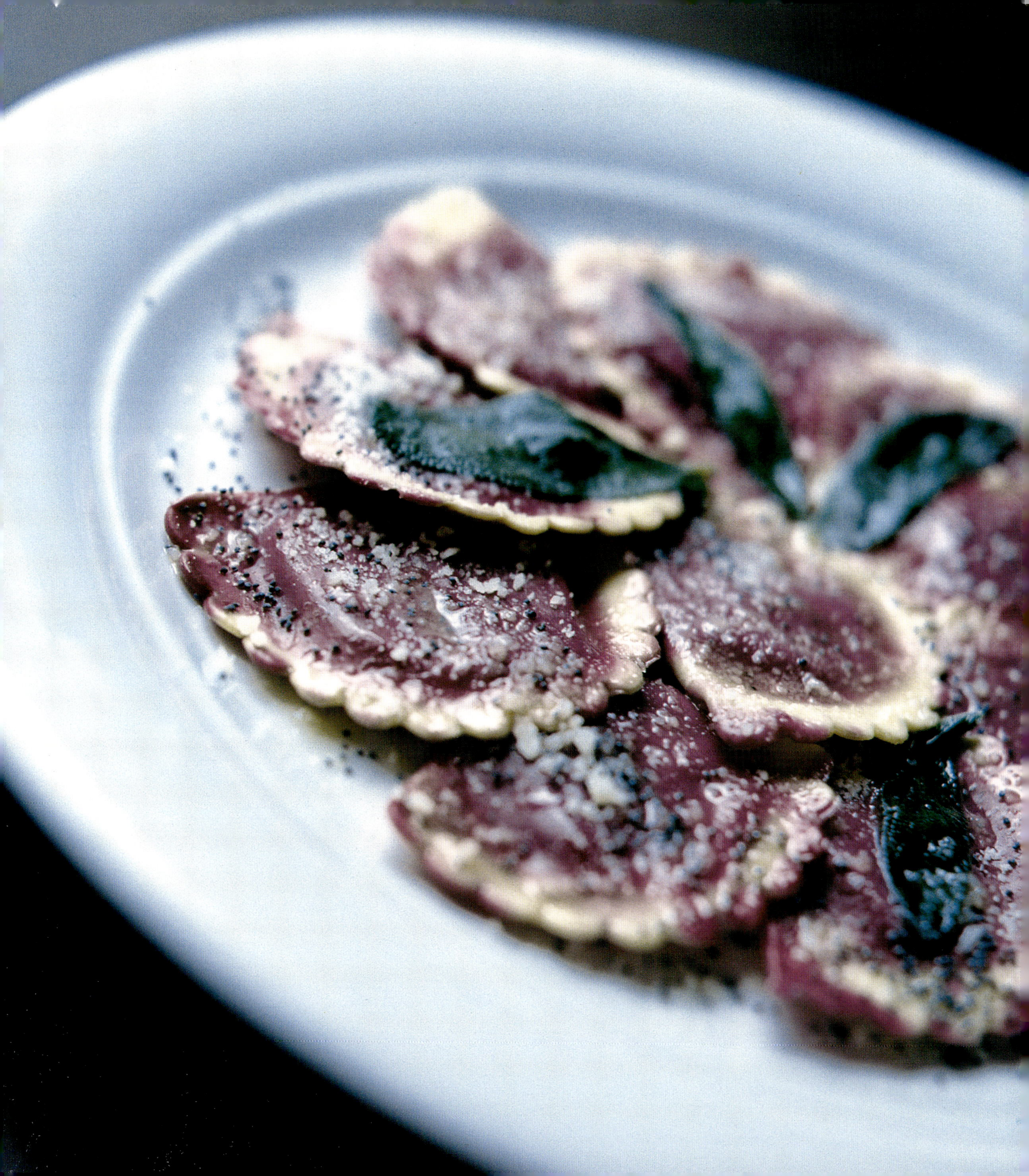

TRENETTE AL PESTO

As massas secas de fio longo são as mais difundidas no mundo. Têm formato cilíndrico ou achatado. No primeiro grupo, estão o spaghetti – palavra que vem do italiano *spago*, "barbante" – e suas derivações. Estas se chamam spaghettini, spaghettoni, capellini, vermicelli e vermicelloni. Distinguem-se do spaghetti apenas pelas dimensões. O mais fino é o capellini, e o mais grosso, o vermicelloni. Atualmente, os catálogos das indústrias de massa tendem a classificar spaghetti e vermicelli como formatos iguais. ~ No grupo das massas secas de formato achatado, encontram-se o pappardelle, mais largo; o tagliatelle e o tagliolini ou taglierini; e o trenette, mais fino. ~ Até o século 20, acreditava-se que Marco Polo introduzira a massa na Itália em 1295, ao retornar do Oriente. Ele teria conhecido na China uma variação do spaghetti e levado a descoberta para a terra natal. Hoje, sabe-se que isso não é verdade. Na cidadezinha lombarda de Pontedassio, existe um inventário de 1279 em que certo Ponzio Bastione deixa à família, entre outros bens, "uma bacia de macarrão". Apesar do nome diferente, contesta a primazia de Marco Polo. O termo macarrão foi usado na Idade Média para indicar vários tipos de massa. ~ A erudição moderna sustenta que os árabes são os pais das massas italianas, especialmente as de fio longo. Eles as introduziram na Sicília no século 9, quando conquistaram a maior ilha italiana. Chamavam-na de *itrjia*. Já era seca – e não fresca – porque se conservava melhor, suportando as travessias no deserto. A Sicília foi o mais importante centro de produção até ter sido desbancada por Nápoles, no século 18. Os navegadores genoveses se encarregavam de transportar a massa seca para importantes portos e centros consumidores do Mediterrâneo, como Nápoles, Roma, Piombino, Viareggio e, obviamente, a própria Gênova, na Ligúria. ~ O trenette mais apreciado na Ligúria é temperado com pesto, o perfumado e inimitável molho regional. Leva manjericão, alho, queijo pecorino ou parmesão e pinoli ou nozes, dependendo do lugar. É batido até ficar com consistência cremosa. O pesto confere aos fios da massa um aroma penetrante e um sabor deliciosamente agressivo. Sua popularidade na Ligúria pode ser constatada em passeios pelas cidades da região: quase todas as casas cultivam manjericão. A planta decora janelas e terraços, dentro de latas velhas, panelas imprestáveis e vasos de terracota. ~ Em princípio, o pesto condimenta pratos únicos. Também aparece na trofie (pequenos gnocchi) e no minestrone. A receita do trenette do Parigi é a tradicional. Quando o pesto fica pronto, recebe fatias de batata e vagem em pedaços.

Ingredientes 4 PESSOAS

TRENETTE

2 batatas médias
40 vagens-holandesas
400 g de trenette

MOLHO

1 maço pequeno de rúcula
1 maço pequeno de manjericão
150 g de queijo pecorino ralado
30 g de pinoli
2 dentes de alho (opcional)
200 ml de azeite de oliva extravirgem
sal e pimenta-do-reino
pinoli para decorar

Preparo | Trenette:
cozinhe as batatas até que estejam macia mas ainda firmes. Descasque e corte em rodelas finas com cerca de 0,5 cm de espessura. Reserve. Limpe e cozinhe as vagens. Corte em pedaços com cerca de 5 cm de comprimento.

Molho: no liquidificador, bata todos os ingredientes até obter uma mistura bem homogênea. Reserve.

Montagem: cozinhe o trenette em bastante água salgada fervente (para cada 100 g de massa, calcule 1 litro de água). Escorra, reservando uma concha da água do cozimento. Misture a massa com o molho e acrescente a água reservada, as fatias de batata e as vagens previamente aquecidas. Sirva imediatamente em pratos individuais, decorando com os pinoli reservados.

RISOTTO AI FUNGHI PORCINI

O mundo inteiro aprecia o arroz, fonte primária de subsistência de milhões de pessoas. A China, a Índia e o Japão produziram inúmeros pratos com essa planta antiquíssima, já encontrada na atual Indonésia antes de 7000 a.C. No Oriente, não conseguem comer sem arroz. No Brasil, também somos grandes devotos de seus grãos. A canja é um de nossos pratos nacionais. Na Espanha, existe a paella. E a Turquia possui o pilaf, receita de origem persa difundida em todo o Oriente Médio. Mas foi a Itália que criou a mais versátil comida de arroz: o risotto. Alguns ressaltam ser a mais elegante. Nas regiões da Lombardia e do Vêneto, onde se encontram Milão e Veneza, a preparação realmente atingiu alto nível de requinte. Leva os melhores frutos do mar, vegetais nobres, cogumelos raros e caríssimas trufas. Mas também as regiões do Piemonte, da Toscana e da Emilia-Romagna preparam o risotto com ingredientes prestigiados. O arroz foi introduzido na Europa pelos árabes. As primeiras plantações ocorreram na Espanha, cujo território eles ocuparam entre os séculos 8 e 15. Dali a cultura se alastrou para os países vizinhos. A data de chegada à Itália permanece incerta. Sabe-se apenas que o arroz já era cultivado na Lombardia em 1386, como planta medicinal. A partir do século 16, começou a entrar progressivamente na cozinha. Debutou nas sobremesas principescas. Temperado com sal, multiplicou seus usos. Contribuiu para dividir a Itália em duas nações gastronômicas: a do arroz, no norte, e a da massa, no centro-sul. Seria exaustivo enumerar os ingredientes adequados ao risotto. Mas uma das boas combinações é o porcino, nome popular de quatro cogumelos do gênero Boleto que vivem na Europa e na África. Existem o comum, o preto, o reticulado e o de talo rosado. Os antigos romanos julgavam o porcino um alimento divino. Preparavam-no para os imperadores. Na Idade Média, freqüentou a mesa dos papas. Desenvolve-se sob árvores como a castanheira, o carvalho e o pinheiro. Na Itália, aparece em menor quantidade na primavera, sendo mais abundante no final do verão e no outono.

Ingredientes 4 PESSOAS

50 g de funghi porcini secos
1 litro de caldo de carne (ver p. 128)
100 g de manteiga
1/2 cebola média finamente picada
350 g de arroz arborio
100 ml de vinho branco seco
50 g de queijo parmesão ralado
sal e pimenta-do-reino

Preparo: lave bem os funghi porcini para eliminar possíveis resíduos de terra. Deixe-os de molho em água pelo menos 1 hora, para reidratá-los. Corte em pedaços médios. Reserve. Leve o caldo de carne ao fogo e o mantenha em fervura branda. Numa panela larga, em fogo médio, coloque metade da manteiga e refogue a cebola até ficar transparente – não a deixe dourar. Acrescente o arroz e mexa por cerca de 2 minutos, até que esteja coberto pela mistura de manteiga e cebola. Junte o vinho branco e mexa até que o arroz absorva totalmente o vinho. Junte os funghi porcini escorridos e vá acrescentando aos poucos o caldo de carne, à medida que este for sendo absorvido pelo arroz, cerca de 1 concha por vez, sem parar de mexer. Quando o arroz estiver cozido mas ainda al dente, junte um pouco de caldo para que mantenha a umidade. Retire do fogo e acrescente o restante da manteiga e o queijo parmesão. Mexa vigorosamente para que tudo fique perfeitamente misturado, corrija o sal e tempere com pimenta. Sirva imediatamente.

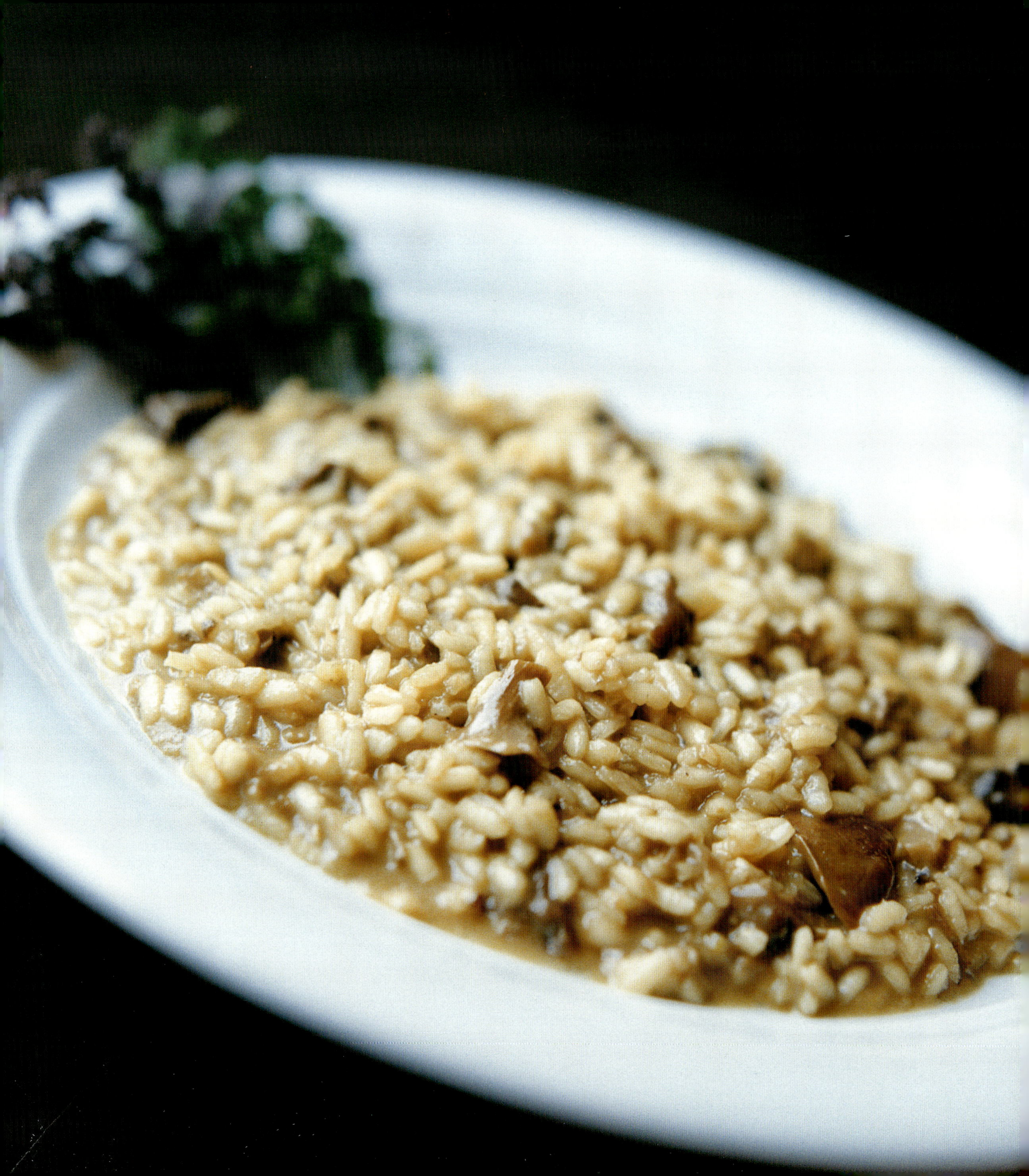

RISOTTO DI PERNICE

CON RADICCHIO ROSSO

Os italianos avisam que a preparação do risotto é um dos principais desafios de sua cozinha. A consistência deve ser *all'onda*: cremosa, jamais fluida como uma sopa. O ponto do arroz deve ser al dente: grão fica cozido, mas oferece resistência ao dente. Para isso, é importante tirar o risotto do fogo no momento certo. Em nenhuma hipótese ele deve passar do ponto. Para conseguir a consistência ideal, mexe-se o arroz seguidamente, movimentando-se a colher do centro da panela para fora. Todo risotto cozinha em caldo de carne, peixe ou vegetais. Acrescenta-se o líquido aos poucos, à medida que o arroz vai secando. No final, necessita-se de manteiga para dar liga. Mas, na prática, todas as fases do risotto exigem cuidados – inclusive a escolha do arroz. Usa-se exclusivamente o grão italiano, que durante o cozimento libera o amido devagar, deixando o prato cremoso. Além disso, oferece a indispensável resistência à fervura. Os tipos de arroz mais conhecidos são o arborio, o carnaroli e o vialone nano. Foram esses que o restaurateur Rogério Fasano trouxe para o Brasil no final da década de 80. O pioneirismo levantou polêmica. Quando introduziu o arroz italiano no restaurante Fasano, de São Paulo, houve quem achasse ruim. Algumas pessoas condenaram a importação afirmando que o Brasil "já tem o produto em abundância". Nosso arroz realmente é bom, mas se presta a outras elaborações – e não ao verdadeiro risotto. Hoje, arrependidos de seu erro, os críticos do passado vão aos restaurantes de Rogério Fasano para comer o risotto com arroz italiano. Uma das receitas de sucesso do Parigi é justamente esta, que harmoniza perdiz e radicchio vermelho.

Ingredientes 4 PESSOAS

MOLHO DE PERDIZES
2 perdizes
1/2 cebola picada
1/2 cenoura picada
1 colher (sopa) de óleo
1 garrafa de vinho tinto
1 bouquet garni com tomilho, alecrim, louro e manjericão
2 conchas de molho rôti (ver p. 128)
sal

RISOTO
1 litro de caldo de carne (ver p. 128)
100 g de manteiga
1/2 cebola média finamente picada
350 g de arroz arborio
100 ml de vinho branco seco
2 radicchi cortados grosseiramente
50 g de queijo parmesão ralado
sal e pimenta-do-reino

Preparo | **Molho de perdizes:** limpe as perdizes, tempere com um pouco de sal e leve ao forno preaquecido moderado-quente (200°C) por cerca de 1 hora. Refogue a cebola e a cenoura no óleo, acrescente o vinho tinto e o bouquet garni e deixe reduzir à metade. Retire as perdizes e desosse-as. Transfira para a panela em que está o molho reduzido, junte o líquido que se formou na assadeira e o molho rôti e ferva para reduzir um pouco.

Risoto: leve o caldo de carne ao fogo e mantenha em fervura branda. Numa panela larga, coloque metade da manteiga e refogue a cebola em fogo médio até ficar transparente – não deixe que a cebola doure. Acrescente o arroz e mexa por cerca de 2 minutos, até que esteja coberto pela mistura de manteiga e cebola. Junte o vinho branco e mexa até ele ser totalmente absorvido pelo arroz. Junte o molho de perdizes e vá acrescentando o caldo de carne aos poucos, à medida que o caldo for sendo absorvido pelo arroz, cerca de 1 concha por vez, sem parar de mexer. Quando o arroz estiver cozido mas ainda al dente, acrescente o radicchio e um pouco mais de caldo para que mantenha a umidade. Retire do fogo e acrescente o restante da manteiga e o queijo parmesão. Mexa vigorosamente para que tudo fique perfeitamente misturado, corrija o sal e tempere com pimenta. Sirva imediatamente.

FILÉ DE SOLE FARCIE AUX HERBES

Apesar de concebida no século 20 pelo grande chef francês Fernand Point (1897-1955), essa receita utiliza ingredientes e procedimentos que a inscreveriam nos antigos livros de culinária da Borgonha. Combina creme de leite, caldo de peixe reduzido e, ao final, uma glaçagem. Point foi guru de uma geração de ouro da cozinha de seu país. Entre seus alunos, contavam-se Alain Chapel, os irmãos Jean e Pierre Troisgros, Louis Outhier e Paul Bocuse. O último, por sinal, dedica-lhe frases inspiradas. "Fernand Point, que sempre será meu mestre, suprimiu, desde antes da guerra, os pratos complicados, demasiado substanciosos, guarnições que eram lei na cozinha do século 19", escreveu ele no livro *A cozinha de Paul Bocuse*, publicado no Brasil em 1976. Point era dono do restaurante La Pyramide (atualmente com duas estrelas no *Guide Michelin*), em Vienne, cidade próxima a Lyon e repleta de vestígios romanos. O nome da casa foi tirado da Pyramide du Cirque, uma curiosa edificação onde aconteciam corridas de bigas. A cozinha de Point seguia o estilo clássico e atraía gastrônomos do mundo inteiro, em busca de "um momento de arte culinária", como dizia Curnonsky (pseudônimo do escritor, jornalista e gastrônomo francês Maurice Edmond Sailland). Houve quem fizesse trocadilho, afirmando que, para comer bem na França, "basta um Point". A enciclopédia *Larousse gastronomique* assinala que "seu humor, sua intransigência, sua acolhida calorosa, suas anedotas, suas excentricidades e sua corpulência imponente (pesava cerca de 160 quilos) fizeram dele um dos grandes chefs franceses".

Fernand Point

Ingredientes 4 PESSOAS

BASE DE ALHO-PORÓ

1 alho-poró grande (somente a parte branca)
20 g de manteiga
100 g de creme de leite fresco
sal e pimenta-do-reino

MOLHO

20 g de manteiga
20 g de farinha de trigo
4 gemas
250 ml de vinho branco seco
50 ml de manteiga clarificada (ver p. 75)
500 ml de caldo de peixe (ver p. 128)
1/2 cebola picada
25 ml de vermute branco seco
100 g de creme de leite fresco
sal e pimenta-do-reino

RECHEIO

200 g de aparas de linguado (ou outro peixe de carne branca)
1 ovo
1 gema
50 g de creme de leite fresco
1 colher (chá) de salsinha picada
1 colher (chá) de tomilho picado
1 colher (chá) de sálvia picada
1 colher (chá) de cebolinha-francesa picada
sal e pimenta-do-reino

LINGUADO

4 filés de linguado com cerca de 150 g cada um
caldo de peixe
sal e pimenta-do-reino
20 aspargos verdes grandes para acompanhar

Preparo | **Base de alho-poró:** corte o alho-poró em rodelas fininhas e leve ao fogo baixo com a manteiga até amolecer. Acrescente o creme de leite e tempere com sal e pimenta.

Molho: cozinhe a manteiga com a farinha de trigo em fogo baixo, para formar o roux. Reserve. Numa tigela refratária, misture as gemas com 50 ml do vinho branco e tempere com sal. Leve ao fogo em banho-maria e, com um batedor de arame, bata a mistura até triplicar de volume. Retire do fogo e acrescente delicadamente a manteiga clarificada com cuidado para o molho não desandar. Reserve. Ferva o caldo de peixe com a cebola, o vinho branco restante e o vermute, até reduzir à metade. Acrescente o roux e metade do creme de leite e cozinhe até que engrosse.

Bata o creme de leite restante até o ponto de chantilly e junte delicadamente. Reserve.

Recheio: elimine todas as espinhas das aparas de linguado e bata no processador com os ingredientes restantes. Certifique-se de não ter ficado nenhuma espinha. Recheie os filés colocando uma parte da mistura no centro e enrolando-os sobre o recheio. Tempere com sal e pimenta e embrulhe cada rolinho em filme plástico. Cozinhe os rolinhos com o filme plástico em caldo de peixe fervente por 10 minutos.

Montagem: coloque a base de alho-poró previamente aquecida em pratos refratários individuais, desembrulhe os rolinhos de peixe, arrume-os sobre a base de alho-poró e cubra com o molho. Leve ao forno preaquecido bem quente (250°C) para gratinar e sirva a seguir, acompanhado de aspargos cozidos no vapor.

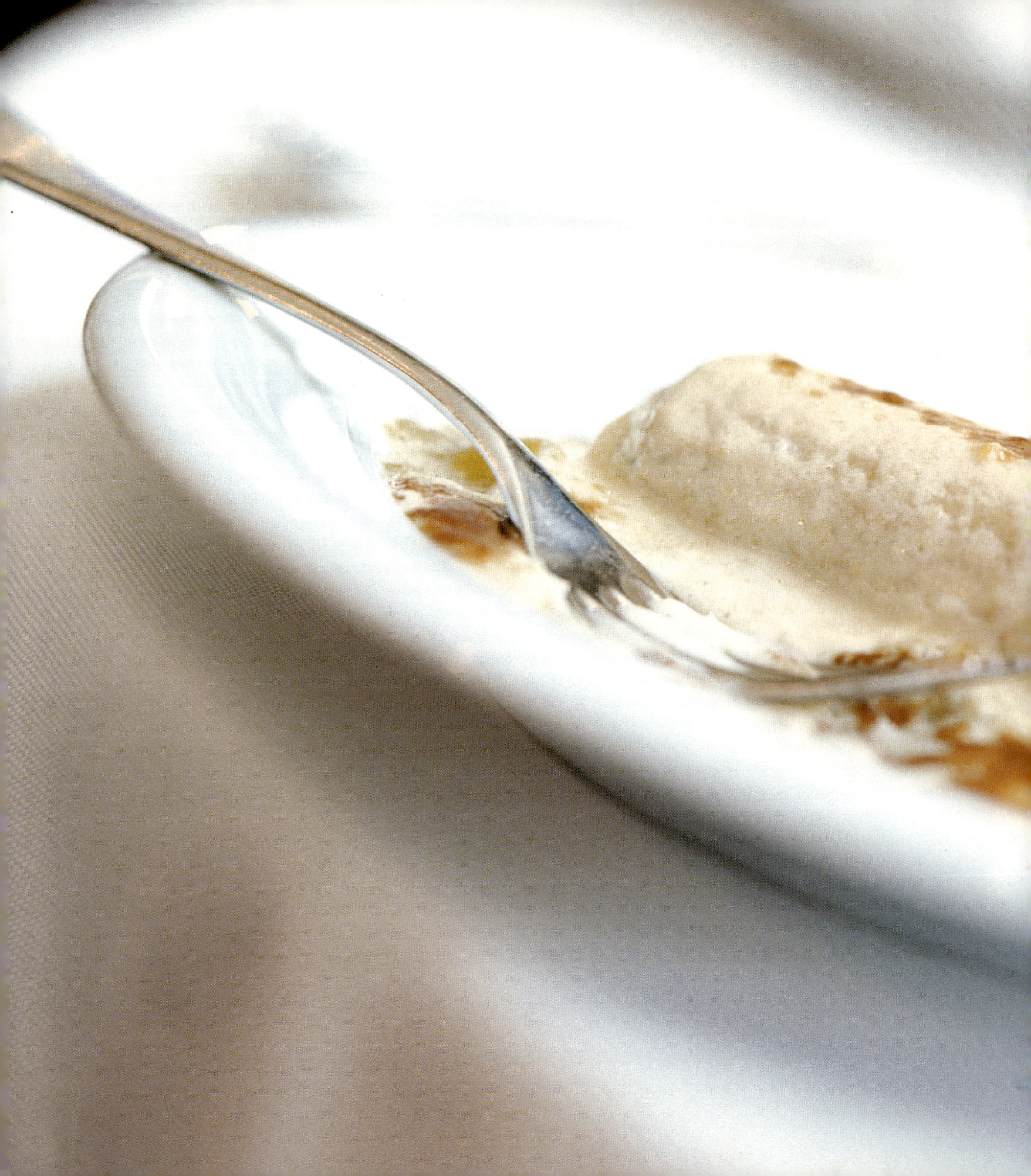

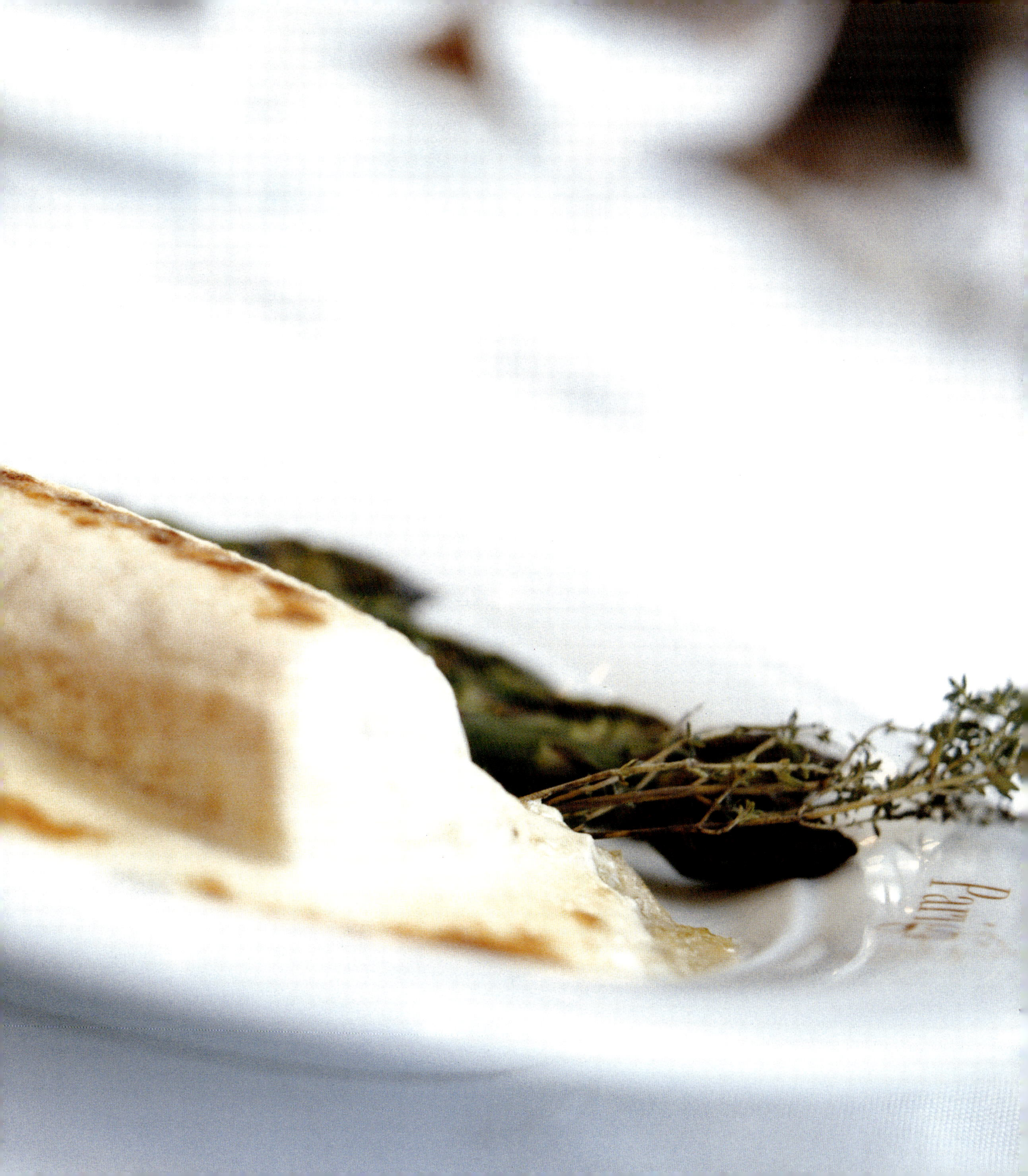
Paris

LOUP DE MER

SAUCE BÉARNAISE

Filés de robalo grelhados delicadamente são cobertos com um molho que, apesar da origem rural, nasceu requintado. A sauce béarnaise surgiu na França, na região do Béarn, nos Pireneus, junto à fronteira com a Espanha. Sua história é controversa. No final do século 19, um cozinheiro do Béarn teria levado essa sauce aos arredores de Paris. Ali, foi assimilada pela *haute cuisine*, graças à divulgação que lhe fizeram chefs renomados. Tanto que figura no livro *Le guide culinaire*, que o famoso cozinheiro francês Auguste Escoffier publicou no início do século 20. É um molho emulsionado, feito com gemas batidas numa redução de vinho branco, vinagre, cebola e ervas aromáticas. No final, complementa-se com manteiga. Acompanha grelhados de peixe e carne. Tem fórmula rigorosa. Quando acrescentados outros ingredientes, o nome muda para sauce foyot ou sauce valoise, por exemplo. Alguns pratos são denominados à la béarnaise porque se inspiram na cozinha do Béarn – e não por terem o molho como acompanhamento. Já o loup de mer, que em português traduzimos por robalo, é um peixe altamente valorizado na culinária. Ostenta cor acinzentada, com a garganta, as laterais e o abdome brancos. Vive em cardumes ao longo do Atlântico, alimentando-se de outros peixes e crustáceos. Prefere os fundos pedregosos. Sobe aos rios para desovar e perpetuar a espécie. No Brasil, há quatro tipos de robalo. O maior alcança 1,20 metro de comprimento e até 15 quilos de peso. Os nomes variam conforme a região: robalão, camuri, camuripeba ou camurim. Sua carne é clara, delicada e saborosa. No loup de mer sauce béarnaise, o peixe é grelhado em filés. Existem receitas que mandam assar inteiro, no forno, ou ensopar em postas.

Ingredientes 4 PESSOAS

MANTEIGA CLARIFICADA
400 g de manteiga

MOLHO
100 ml de vinho branco seco
100 ml de vinagre de vinho branco
1 colher (sopa) de estragão fresco picado
1 colher (sopa) de salsinha picada
1 colher (sopa) de cerefólio picado
2 colheres (sopa) de cebola-roxa picada finamente
1 colher (chá) de pimenta-do-reino branca e preta moídas na hora
6 gemas
1 colher (sopa) de água, sal

ROBALO
4 filés de robalo com cerca de 200 g cada um
100 ml de azeite de oliva extravirgem
50 g de manteiga
100 ml de vinho branco seco
100 ml de caldo de peixe (ver p. 128)
sal e pimenta-do-reino

Auguste Escoffier

Preparo | Manteiga clarificada: aqueça a manteiga em fogo brando, retire lentamente a "espuma" branca que for se formando e reserve.

Molho: numa panela pequena, junte o vinho branco, o vinagre, as ervas, a cebola e as pimentas, leve ao fogo e deixe reduzir à metade. Bata as gemas com a água em banho-maria até ficarem cremosas. Para que as gemas não cozinhem, retire a panela do fogo por alguns segundos e coloque-a de novo no fogo. Acrescente a mistura reduzida de vinho às gemas e retorne ao fogo baixo por cerca de 10 minutos. Corrija o sal. Retire a panela do fogo e, num fio, incorpore a manteiga clarificada, mexendo constantemente. A manteiga deve ser acrescentada aos poucos, para ser totalmente absorvida.

Robalo: tempere os filés de robalo com sal e pimenta. Numa frigideira, aqueça o azeite e a manteiga e grelhe os filés dos dois lados. Reduza o fogo e incorpore o vinho branco e o caldo de peixe. Leve os filés ao forno preaquecido moderado (180°C) para concluir o cozimento.

Montagem: coloque o robalo em pratos individuais, acrescente a sauce béarnaise e sirva imediatamente, acompanhado de legumes ao vapor.

HADDOCK POCHÉ

Em muitos restaurantes do Brasil, todo prato poché chega à mesa na companhia de um ovo cozido em água. Tanto faz se o ingrediente principal é do mar ou da terra. *Pocher* é o verbo francês que os portugueses traduzem para escalfar. Significa cozinhar os alimentos em líquido mais ou menos abundante, com temperatura próxima da fervura. O ovo é um dos muitos ingredientes que podem ser pochés. Mas o método também se aplica a peixes, carnes, miúdos, tutano, frutas e diversas outras preparações. Em alguns casos, a receita recomenda leite, como acontece no haddock poché. ~ Evidentemente, o prato do Parigi não contém ovo. O haddock (também chamado hipoglosso, um peixe da família do bacalhau, encontrado no mar do Norte) é cozido em leite aromatizado com os temperos harmoniosos do bouquet garni. Leva molho à base de creme de leite fresco, limão, manteiga, salsinha, pimenta-do-reino e sal. De carne macia e delicadamente perfumada, o haddock é apreciado internacionalmente. Pode ser consumido fresco ou defumado. ~ A cozinha francesa chama ambas as preparações de haddock. Na Grã-Bretanha, a que usa carne defumada tem o nome de *finnan haddie*. Nessa modalidade, faz parte do breakfast da Escócia. Aliás, a técnica de defumação do haddock foi aprimorada naquele país, numa aldeia perto do porto pesqueiro de Aberdeen.

Ingredientes 4 PESSOAS

MOLHO

500 ml de creme de leite fresco
suco de 3 limões
300 g de manteiga
sal e pimenta-do-reino

HADDOCK

4 filés de haddock com cerca de 200 g cada um
1 bouquet garni de tomilho, louro e manjericão
1 litro de leite
2 colheres (sopa) de salsinha picada

Preparo

Molho: numa panela, junte o creme de leite e o suco de limão e leve ao fogo baixo até reduzir à metade. Com um batedor de arame, incorpore a manteiga aos poucos, sem parar de bater, e tempere com o sal e a pimenta.

Haddock: coloque o haddock, o bouquet garni e o leite numa panela, leve ao fogo e deixe cozinhar por 15 minutos. Quando o leite começar a ferver, baixe o fogo.

Montagem: escorra bem o haddock e arrume-o em pratos individuais. Cubra com o molho, decore com a salsinha e sirva imediatamente, acompanhado de purê de batata.

CREVETTES À LA PROVENÇALE

Nenhuma cozinha da França atiça mais nossos sentidos que a da Provença, no sul do país. Poucas são tão coloridas e perfumadas. Os alhos rosados e brancos, azeites cheirosos, tomates adocicados, azeitonas pretas, pimentões coloridos e berinjelas carnudas dão personalidade aos pratos regionais. Os mercados oferecem outros produtos paradisíacos de amplo uso: abóboras, abobrinhas, acelgas, alcachofras, aspargos, frutas, legumes, nozes, temperos e verduras. A terra fornece deliciosa carne de cordeiro, vinda sobretudo dos pastos da Camargue. Do mar são retirados peixes, camarões, ostras e mariscos comidos frescos. ~ A paisagem ensolarada da Provença influenciou a obra de Van Gogh, Renoir, Cézanne e outros pintores do impressionismo – movimento de renovação dos valores estéticos que surgiu na segunda metade do século 19. A Provença também inspirou escritores, entre os quais o americano Scott Fitzgerald, autor de *O grande Gatsby*. A atmosfera da região só é quebrada quando fustigada pelo vento mistral. ~ Em culinária, a expressão *à la provençale* indica uma preparação em que entram necessariamente alho e azeite. Uma de suas melhores expressões são as crevettes à la provençale, receita à base do mais prestigiado fruto do mar.

Ingredientes 4 PESSOAS

MANTEIGA CONDIMENTADA
150 g de manteiga
2 colheres (sopa) de alho picado
4 colheres (sopa) de salsinha picada
sal e pimenta-do-reino

FARINHA CONDIMENTADA
2 xícaras de farinha de rosca
1 xícara de salsinha picada
150 ml de azeite de oliva extravirgem

CAMARÕES
20 camarões grandes limpos
200 g de farinha de trigo
100 ml de azeite de oliva extravirgem
sal e pimenta-do-reino

Preparo

Manteiga condimentada: misture a manteiga, em temperatura ambiente, com os ingredientes restantes e reserve.

Farinha condimentada: misture a farinha de rosca com a salsinha e, aos poucos, para não empapar, incorpore o azeite.

Camarões: tempere os camarões com sal e pimenta e passe na farinha de trigo, retirando o excesso. Numa frigideira, aqueça o azeite, junte os camarões e deixe dourar, em fogo médio, por cerca de 2 minutos de cada lado. Escorra o azeite e acrescente a manteiga condimentada. Cozinhe por mais 2 a 3 minutos.

Montagem: coloque os camarões em pratos individuais, polvilhe com a farinha condimentada e sirva imediatamente, acompanhados de arroz branco.

COQ AU VIN

Diz a lenda que o coq au vin, literalmente "galo ao vinho", é uma velha receita da Auvergne, antiga província francesa. A ave cozinhava num raro tinto local, derivado da uva Gamay. Um de seus apreciadores teria sido o general e ditador romano Júlio César, que conquistou a Auvergne entre os anos 58 e 51 a.C., durante a campanha da Gália. ~ Mas foi a Borgonha, terra de comidas deliciosas e vinhos magníficos, que consagrou o coq au vin como uma de suas mais caras especialidades regionais. Mesmo os cozinheiros tradicionalistas aceitam que a ave ingresse na panela em companhia do Beaujolais, um tinto leve e frutado. Feito no sul da Borgonha, usa a mesma uva Gamay. ~ As enciclopédias culinárias falam pouco do coq ao vin, mas sua popularidade internacional é grande. O escritor belga Georges Simenon (1903-89) colaborou bastante para difundi-lo. Ele incluiu o prato nas especialidades que a sra. Maigret fazia para o marido, protagonista de seus romances policiais. ~ Não se pode deixar de levar em conta que o coq au vin possui como virtudes intrínsecas o aroma inebriante e o sabor maravilhoso. Já foi preparado com galo velho, que não servia mais como reprodutor e cuja carne só amaciava após demorado cozimento. Hoje, usa-se mais freqüentemente frango e galinha.

Ingredientes 4 PESSOAS

FRANGO
1 frango capão de 2,5 kg cortado em 10 pedaços
100 ml de óleo de milho
50 g de manteiga
50 g de farinha de trigo
250 g de cebolinha em rodelas
250 g de cogumelo-de-paris
sal e pimenta-do-reino

MARINADA
2 litros de vinho tinto da Borgonha
1 cebola picada grosseiramente
2 cenouras picadas grosseiramente
1 bouquet garni de tomilho e louro
3 dentes de alho descascados
1 colher (chá) de sal

GUARNIÇÃO
250 g de bacon em fatias finas
4 fatias de pão de fôrma
salsinha picada

Preparo | Frango: coloque o frango em pedaços numa vasilha com todos os ingredientes da marinada. Deixe de molho pelo menos 24 horas. Coe a marinada e reserve. Numa frigideira, aqueça o óleo e grelhe os pedaços de frango. Transfira-os para outra panela, junte a marinada e leve ao fogo, para cozinhar em fogo baixo por 2 horas ou até ficar macio. Para o roux, derreta a manteiga em fogo baixo e incorpore aos poucos a farinha de trigo, até estar bem misturada. Reserve.
Guarnição: asse as fatias de bacon em forno preaquecido baixo (150°C) até estarem bem crocantes. Reserve. Asse as fatias de pão de fôrma cortadas em coração.
Montagem: cozinhe à parte as cebolinhas e os cogumelos. Incorpore-os delicadamente ao frango já cozido. Corrija o sal e a pimenta. Acrescente o roux e mexa constantemente até que o molho ferva e engrosse. Molhe a ponta das torradas no molho do frango e passe pela salsinha picada. Disponha o frango em pratos individuais com as torradas e as fatias de bacon por cima e sirva imediatamente, acompanhado de fettuccine na manteiga.

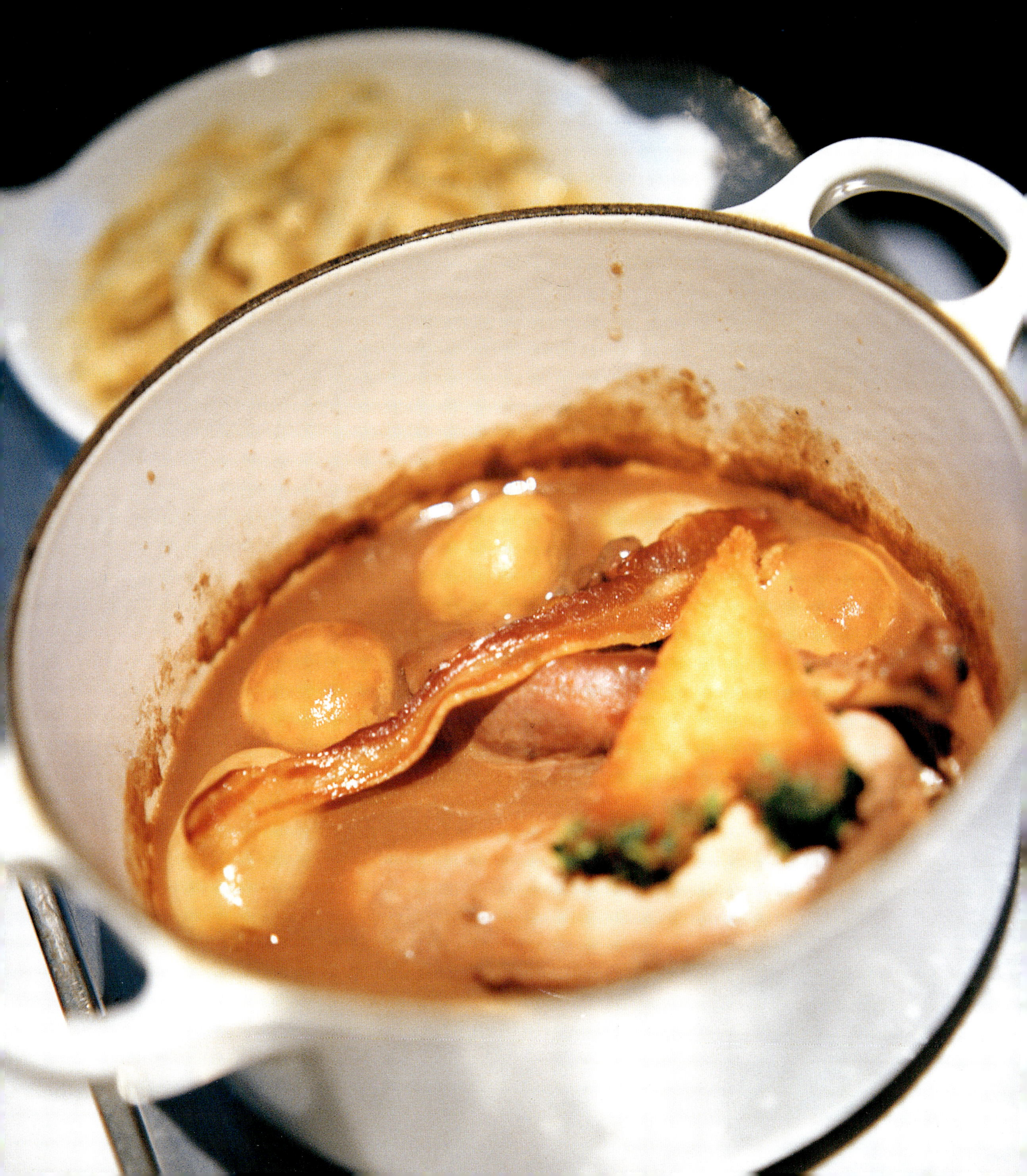

CONFIT DE CANARD

Vários países têm o confit em seu livro de receitas tradicionais. Antigo método de conservação da carne, difundiu-se entre populações camponesas de quase todos os continentes. Mas se admite que o confit de canard (pato) e o confit d'oie (ganso) sejam típicos do sudoeste da França. ~ Pedaços de ave cozinham na própria gordura e nela permanecem durante o período de armazenamento. Antes de comidos, esquentam numa frigideira ou panela. Quem quiser servir o confit frio, deve retirar a gordura. ~ Usa-se a mesma técnica com a galinha. Nesse caso, razões filosóficas determinam que o resultado se chame poule en confit – e não confit de poule. ~ Outras carnes se prestam à preparação, incluindo-se embutidos como a lingüiça, embora se considere que os melhores efeitos gustativos sejam alcançados com o pato e o ganso. O sabor e o aroma do confit lhe valeram lugar de honra na gastronomia do Gers, do Périgord e das Landes. ~ Os franceses se dedicam à elaboração doméstica do confit após as festas do final de ano. Compram os patos e gansos cevados que os produtores não conseguiram vender. O confit enriquece não só o cassoulet, mas também a *garbure* – sopa feita com caldo de legumes e couve, da qual existe uma porção de variantes. ~ Servido sozinho, combina com batata sautée, cogumelo, ervilha fresca, presunto de Bayonne, feijão-branco, couve ou lentilhas. Frio e desengordurado, harmoniza-se com salada de chicória, repolho-branco ou folhas mais tenras, como o dente-de-leão, verdura pouco apreciada no Brasil.

Ingredientes 4 PESSOAS

LARANJA GLAÇADA
1 laranja
50 g de açúcar
100 ml de água

MOLHO
250 g de açúcar
500 ml de vinagre de vinho branco
8 unidades de anis-estrelado
2 bagas de zimbro
1 litro de suco de laranja
500 ml de molho rôti (ver p. 128)

PATO
4 coxas de pato
1 colher (sopa) de azeite de oliva extravirgem
gordura de pato derretida
sal e pimenta-do-reino

Preparo | Laranja glaçada: descasque a laranja, retirando toda a parte branca, e corte a casca em tiras bem finas. Esprema a laranja. Coloque as tiras de casca de laranja numa panela junto com o açúcar, a água e o suco da laranja. Ferva em fogo baixo até que se forme um xarope e as cascas estejam caramelizadas. Reserve.
Molho: numa panela, junte o açúcar e o vinagre, leve ao fogo e deixe reduzir à metade. Adicione o anis-estrelado e o zimbro e cozinhe em fogo baixo por 15 minutos.
À parte, reduza o suco de laranja à metade do volume inicial, acrescente o molho rôti e o caramelo de vinagre e cozinhe por mais 30 minutos.
Pato: tempere as coxas de pato com sal e pimenta e leve para grelhar numa frigideira com azeite. Transfira para uma panela e acrescente gordura de pato suficiente para cobri-las completamente. Cozinhe em fogo baixo por cerca de 4 horas ou até a carne começar a soltar-se dos ossos. Retire as coxas da gordura, enxugue o excesso e leve ao forno preaquecido bem quente (250°C) por cerca de 5 minutos, para que a pele fique bem crocante. Reserve.
Montagem: aqueça as coxas de pato, coloque em pratos individuais e cubra com o molho. Por cima, disponha as cascas de laranja glaçadas. Sirva imediatamente, acompanhado de gnocchi de cenoura ou polenta amarela.

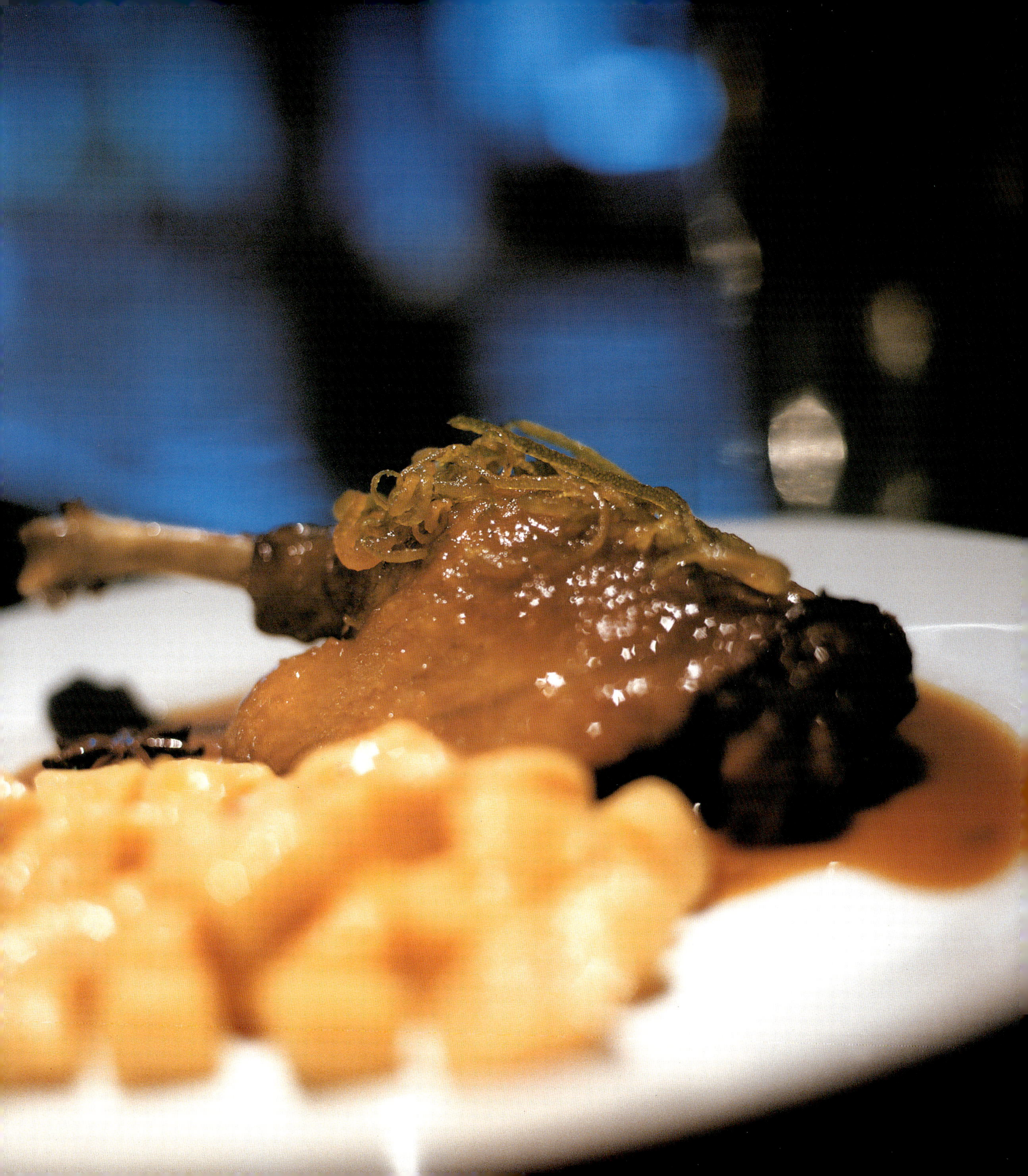

CANARD À L'ORANGE

Os italianos acreditam que sua conterrânea Caterina de' Médici ajudou a revolucionar a culinária francesa. Nascida na mais influente família de Florença, filha de Lourenço de Médici, duque de Urbino, e sobrinha do papa Clemente VI, ela teria exercido essa influência a partir de 1533, quando desembarcou em Marselha para casar-se com o futuro rei do país, Henrique II. Afirma-se que, no dote de Caterina, incluíam-se livros de receitas e um "batalhão de cozinheiros". ❧ O bom gosto e o refinamento da florentina (ela chegou à França com catorze anos e ali morou até morrer, 56 anos depois) transformaram o Palácio do Louvre, em Paris, antiga residência dos soberanos franceses. A mudança começou na cozinha e alcançou a mesa, inclusive a etiqueta. Hoje, porém, os franceses tendem a minimizar a contribuição de Caterina de' Médici, julgando-a menos radical do que supõem os italianos. A florentina teria ingressado em Marselha precedida apenas de oito pajens e sete cavalos brancos. Segundo os franceses, a primeira menção ao "batalhão de cozinheiros" apareceu um século atrás, no livro *Uma história da cozinha francesa*, de Christian Guy. Portanto, carece de fundamento histórico. Mesmo assim, é incontestável a influência de Caterina. Sua presença pode ser associada a receitas como a do canard à l'orange (pato com laranja), teoricamente derivada do papero all'arancia, que aparece no receituário florentino desde o século 15. Em italiano, *papero* significa marreco. ❧ A partir de Caterina de' Médici, a culinária francesa eliminou os assados brutais, os caldos pesados, as gorduras e condimentos excessivos, característicos da Idade Média, e adotou as receitas da Renascença, mais civilizadas. No final do reinado de Francisco I (sogro de Caterina), as refeições do Louvre já traziam predileções florentinas: croquetes de miolo e fígado, vitelo assado e galinha-d'angola recheada com castanhas. Quando o marido de Caterina subiu ao trono, a mesa do palácio exibiu a trufa e o escargot, que os franceses consideravam alimentos de pobre, mas que os florentinos já sabiam apreciar. Difundiu-se o costume de comer alface, cenoura e rabanete e servir frutas ao final das refeições. Pessoalmente, a rainha-gourmet gostava de fundos de alcachofra temperados com sal e azeite, ensopados de testículo, cristas de galo e vitelo assado. ❧ O paladar adoçicado de Caterina de' Médici também contribuiu para que o mel fosse substituído pelo açúcar. Florença comprava esse ingrediente de Veneza, que o recebia bruto do Mediterrâneo oriental, refinava-o e vendia-o. Os confeiteiros da rainha começaram a fazer geléias e compotas de frutas e até a cristalizá-las. Enfeitiçaram os parisienses com a *frangipane*, um creme cozido de amêndoas empregado no recheio de sobremesas. Antes da mudança para a França, Caterina de' Médici teria aprendido a receita (até então secreta) com seu inventor, o príncipe italiano Cesare Frangipane. ❧ A corte do Louvre também aprendeu com a florentina a beber licor (sobretudo o marasquino, que os Médici já bebiam) ou aguardente de fruta no final das refeições. Caterina de' Médici governou a França duas vezes como regente. Sete de seus dez filhos sobreviveram à infância. Três reinaram: Francisco II, Carlos IX e Henrique III.

Ingredientes 4 PESSOAS

MARINADA
1 salsão
2 cebolas médias
2 cenouras grandes
1 cabeça de alho
1 alho-poró
1 ramo de alecrim
1 ramo de tomilho
3 folhas de louro
3 litros de vinho branco seco
30 g de sal e 10 g de pimenta-do-reino em grão

PATO
2 patos com cerca de 2 kg cada um
50 ml de óleo de girassol

MOLHO DE LARANJA
1 litro de suco de laranja
200 ml de molho rôti (ver p. 128)

ARROZ MISTO
50 g de arroz selvagem
1 litro de caldo de frango
100 g de arroz branco
sal e a casca de 1 laranja à juliana glaçada para servir (ver p. 80)

Preparo | **Marinada:** pique grosseiramente todos os legumes e temperos da marinada e coloque numa vasilha com os patos inteiros. Por cima, despeje o vinho branco e deixe marinar pelo menos 48 horas na geladeira.
Pato: retire os patos da marinada e seque. Coe a marinada. Besunte os patos com o óleo de girassol e leve ao forno preaquecido quente (220°C), até dourar. Acrescente a marinada coada e asse por 2h30 em forno moderado (180°C). Reserve.

Molho de laranja: retire os peitos, coxas e sobrecoxas dos patos assados e reserve. Coe o líquido do cozimento dos patos e coloque numa panela. Reduza o suco de laranja até obter 3/4 do volume original. Acrescente ao líquido do cozimento e reduza novamente à metade em fogo médio (deve-se obter um molho espesso). Corrija o sal e a pimenta.

Arroz misto: cozinhe o arroz selvagem no caldo de frango temperado com pouco sal. Após 30 minutos de cozimento, em fogo médio, acrescente o arroz branco e deixe a panela semitampada até que ambos estejam cozidos. Reserve.
Montagem: em pratos individuais, disponha os peitos de pato, as coxas e as sobrecoxas previamente separadas. Cubra com o molho e as cascas de laranja glaçadas. Sirva imediatamente, acompanhado de arroz misto.

CANARD À LA PRESSE

Poucas receitas tradicionais se comparam em excelência ao canard à la presse. Celebrizada pelo restaurante La Tour d'Argent, de Paris, tornou-se um ícone da culinária francesa. Coxas, sobrecoxas e peito de pato chegam à mesa num molho ferrugem, resultante do esmagamento da carcaça numa prensa de prata. Daí o nome do prato. ~ A paternidade da invenção é reivindicada pela cidade de Rouen (Ruão), a 131 quilômetros de Paris. Os moradores afirmam que o canard à la presse surgiu no início do século 19, por obra de certo Méchenet. Querem que se chame *caneton rouennais à la presse* e recomendam o uso do pato *rouennais*, de carne mais avermelhada e tenra. Mas a receita não alcançaria tal sucesso se não tivesse sido adotada pelo La Tour d'Argent. Desde 1890, quando o chef Frédéric Delair assumiu a direção da casa, todo canard à la presse é numerado. O prato 328 foi servido ao rei Eduardo VII, da Inglaterra; o 33 642, ao presidente americano Theodore Roosevelt; o 253 652, ao ator Charles Chaplin; o 496 516, à princesa Grace de Mônaco. Até hoje, o La Tour d'Argent já preparou mais de 1 milhão de canards à la presse. ~ Delair, de óculos metálicos, barba grisalha e redingote (antigo casaco que alcançava os joelhos) preparava o pato solenemente. O poeta e pintor Jean Cocteau o chamava de "Henrik Ibsen do pato-selvagem", por achá-lo parecido com o dramaturgo norueguês. O político Léon Daudet dizia que Delair trabalhava a ave "como Claude Monet pintava". A receita do Parigi é igualzinha à do La Tour d'Argent. Assim, nenhum brasileiro precisa mais ir à França para saborear o canard à la presse.

Fréderic Delair preparando o canard à la presse no La Tour d'Argent, 1894

Ingredientes 4 PESSOAS

PATO

2 patos com cerca de 2 kg cada
300 ml de vinho tinto
1/2 colher (sopa) de alecrim
1/2 colher (sopa) de tomilho
3 folhas de louro
1 cebola média cortada em pedaços
4 dentes de alho espremidos
1 colher (sopa) óleo de milho
sal e pimenta-do-reino

MOLHO

100 ml de conhaque, 200 ml de molho rôti (ver p. 128)
300 ml de molho bordelaise (ver p. 49)
sal e pimenta-do-reino moída na hora

Preparo | **Pato:** retire as coxas e as sobrecoxas dos patos. Coloque-as numa vasilha, junte o vinho tinto, as ervas, a cebola, o alho, o sal e a pimenta-do-reino e deixe marinar por 12 horas. Doure as carcaças no óleo de milho e leve ao forno preaquecido quente (220°C) por 10 minutos. Remova os peitos dos patos e prense o restante da carcaça junto com os fígados crus para extrair todo o sangue e os temperos que restarem. Na ausência de uma prensa específica, quebre o máximo possível a carcaça, de modo que caiba no espremedor de batatas, e esprema, tomando cuidado para não perder o líquido antes de espremer. Reserve o sangue obtido. Cozinhe as coxas e sobrecoxas sem as peles por cerca de 2h30 em água com um pouco da marinada até que estejam macias.
Molho: coloque o sangue, o conhaque, os molhos rôti e bordelaise numa panela e leve ao fogo. Deixe ferver até reduzir à metade. Tempere com sal e bastante pimenta-do-reino moída na hora.
Montagem: fatie e arrume os peitos dos patos em pratos individuais, tempere com pimenta-do-reino e leve ao forno quente somente para aquecer. Aqueça também as coxas e sobrecoxas, coloque sobre os peitos fatiados e cubra com o molho preparado. Sirva imediatamente, acompanhado de purê de batata bem cremoso.

STEAK TARTARE

Povo de língua mongólica, os tártaros sempre comeram carne crua. No ano 1202, foram subjugados pelo implacável Gengis Cã, que tinha o mesmo hábito alimentar. Os tártaros intuíram gradualmente a necessidade de misturar ingredientes à carne. Melhoravam o sabor e reforçavam o poder nutritivo. Mas continuaram a comer carne crua. Saíam para caçar e colocavam o animal eviscerado sobre o lombo do cavalo. O alimento durava mais tempo e amaciava com o sacolejo. À noite, cortavam a carne e incorporavam ingredientes como o ovo, por exemplo. O steak tartare vem desse tempo. Até hoje conserva o ovo. A receita contemporânea manda picar e colocar cebola, alcaparra e salsinha e temperar com mostarda de Dijon, molho inglês, catchup, Tabasco, pimenta-do-reino e sal. Alguns cozinheiros agregam alface, conhaque ou qualquer bebida destilada, mas a receita, quando feita assim, não é considerada clássica. Quanto à carne, recomenda-se filé-mignon, lagarto, coxão mole ou miolo de alcatra. O importante é que seja um corte desprovido de nervos internos. Invariavelmente fresca, vermelha e sem gordura, a carne deve proceder de bovino adulto. Mas os puristas europeus aconselham a de cavalo, com sabor mais adocicado e suave. Seria a preferida de Gengis Cã.

A carne deve ser cortada na faca. A pressão da máquina destrói as fibras e a converte em pasta. Por comodidade, muitos restaurantes incorrem nessa heresia. Com carne moída, o steak tartare vira hambúrguer cru. É receita versátil, que tanto pode ser entrada como prato principal. Convém prepará-lo na hora de servir. Em alguns restaurantes, termina de ser feito na mesa do cliente.

Ingredientes 4 PESSOAS

200 g de filé-mignon
1/4 de cebola picada finamente
1 colher (chá) de alcaparra picada
1 colher (chá) de salsinha picada
1 colher (chá) de mostarda de Dijon
1 colher (chá) de molho inglês
1 colher (chá) de catchup
1 gema
4 gotas de Tabasco
sal e pimenta-do-reino

Preparo: elimine toda a gordura do filé-mignon e pique a carne com uma faca bem afiada, até ficar como se tivesse sido moída. Coloque uma vasilha de metal sobre outra que contenha cubos de gelo. Nela, misture a carne e os demais ingredientes. Sirva imediatamente, acompanhado de salada verde ou batata frita.

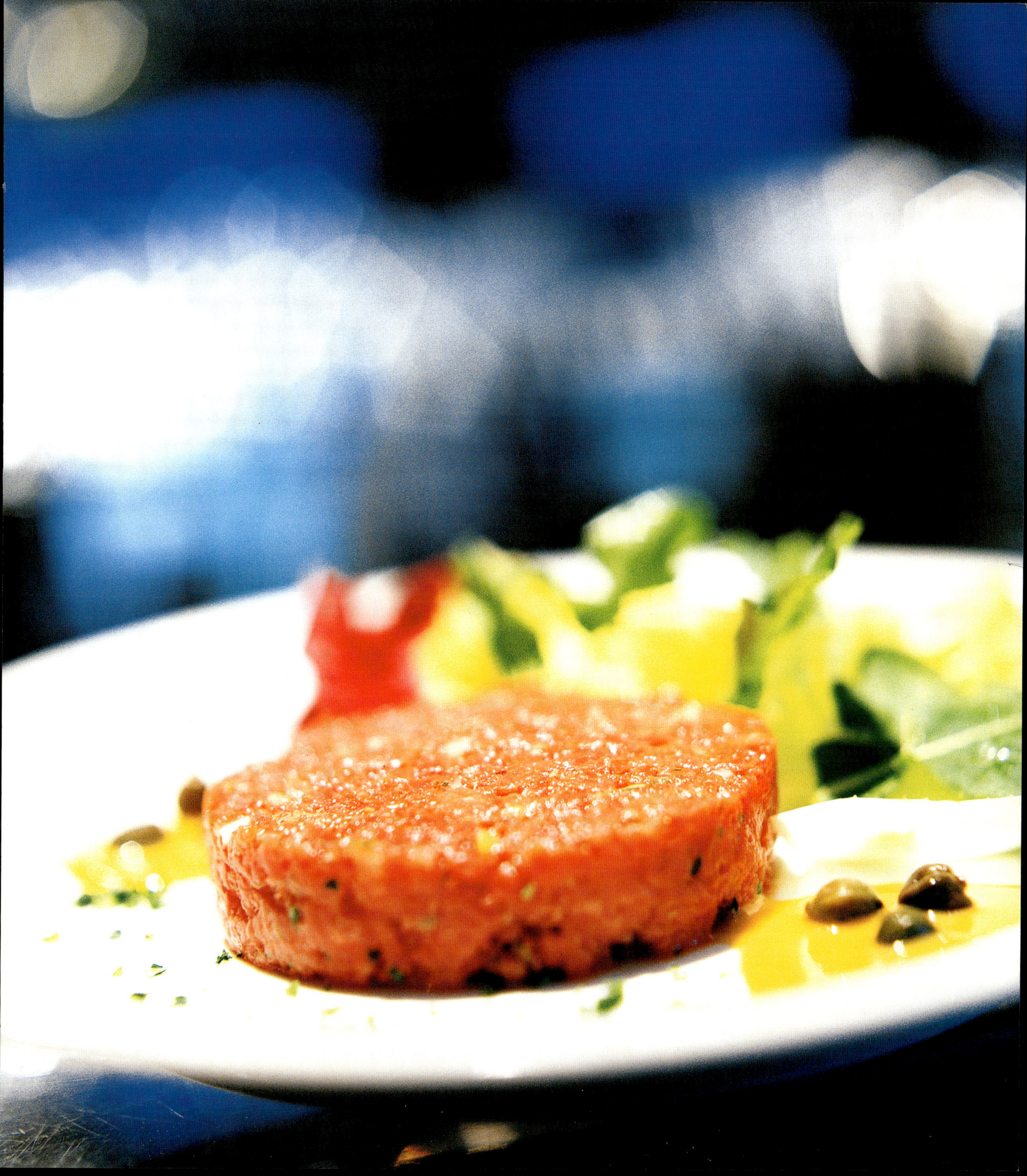

COSCIOTTO

Na Itália, dá-se o nome de cosciotto ao tenro pernil do vitelo – o bovino macho novo. Na Europa e nas demais regiões apreciadoras de sua carne, o animal é alimentado inicialmente com leite de vaca. Após duas semanas, recebe soro de leite e outros nutrientes. Não chega a pastar, para evitar que o ferro da composição natural do capim avermelhe sua carne tenra. Os produtores vão ao extremo de revestir a coleira do vitelo com plástico, para que ele não lamba o metal. Cresce com grande rapidez. É abatido com catorze a dezesseis semanas, pesando cerca de 140 quilos. No Brasil, adotamos critério diferente. O abate acontece após quatro semanas, com o animal pesando quarenta a cinqüenta quilos. Nosso controle menos rigoroso permite que exista tanto a carne de animais que só mamaram como a dos que mamaram e pastaram. A culinária nacional privilegia o bovino adulto. Aqui e na Europa, o vitelo é filho da vaca leiteira. A fêmea se destina à produção de leite. O macho vai para o açougue. O vitelo que não pastou exibe carne clara e marmorizada, ou seja, com pequenos filamentos de gordura entre as fibras, que se desfazem no cozimento, garantindo suculência. O cosciotto se presta aos grandes assados de forno. Após ser marinado em ervas, pimenta e sal, permanece longamente no fogo, adquirindo aroma e sabor mágicos. Convém servi-lo bem passado, mas nunca cozido demais. É um dos antigos pratos da humanidade. Até hoje simboliza celebração e alegria – e domina a mesa. É capaz de silenciar as pessoas que acompanham a liturgia do trinchar. O cosciotto do Parigi é importado.

Ingredientes 25 PESSOAS

PERNIL
1 pernil de vitela com cerca de 25 kg
1 maço de tomilho
1 maço de manjericão
1 maço de alecrim
1 maço de sálvia
200 g de sal refinado
50 g de pimenta-do-reino triturada
1 kg de toicinho não defumado e sem a pele
200 g de sal grosso
200 ml de óleo de girassol
1 litro de caldo de carne (ver p. 128)

MOLHO
2 cabeças de alho
3 cenouras grandes em pedaços
2 cebolas grandes em pedaços
3 talos de salsão em pedaços
2 litros de molho rôti (ver p. 128)

POLENTA DE SÁLVIA
2 litros de caldo de carne
250 ml de azeite de oliva extravirgem
1/2 maço de sálvia bem picada
1 kg de polenta bergamasca
sal e pimenta-do-reino

Preparo

Pernil: no processador, bata todas as ervas, o sal refinado, a pimenta triturada e o toicinho de porco. Coloque numa assadeira, alise a superfície e leve à geladeira por 4 horas. Corte essa mistura em tiras finas. Com uma faca fina, faça furos no pernil de vitela e coloque tiras do tempero o mais profundo possível, próximo ao osso. Coloque o sal grosso por cima e deixe marinar por no mínimo 48 horas. Amarre bem o pernil para manter o formato original durante o cozimento. Por cima, despeje o óleo de girassol e o caldo de carne e envolva o pernil com papel-alumínio. Disponha os legumes do molho na assadeira em volta do pernil, cubra com papel-alumínio e leve ao forno preaquecido moderado (180°C) por cerca de 3 horas. Retire o papel-alumínio e asse por mais 1 hora. Teste o cozimento com um "espeto" de cozinha, enfiando no pernil até alcançar o osso e retirando a seguir o líquido eliminado deve ser transparente, sem traço de sangue. Reserve.

Molho: retire os legumes e o líquido que se formou na assadeira e bata no processador. Coe numa panela, junte o molho rôti e leve a fogo brando por cerca de 30 minutos. Reserve.

Polenta de sálvia: aqueça o caldo de carne com o sal, o azeite e a sálvia. Quando ferver, acrescente a polenta aos poucos (como se fosse uma "chuva") ao caldo, mexendo sempre com um batedor de arame. Abaixe o fogo e cozinhe por cerca de 30 minutos, misturando com uma colher de pau. Reserve.

Montagem: aqueça o pernil e corte em fatias. Sirva imediatamente em pratos individuais, acompanhado do molho de legumes e da polenta de sálvia.

FILET AU POIVRE

Desde tempos remotos, a pimenta condimenta a carne. No século 1, o gastrônomo romano Apício a recomendava para combater o mau cheiro das carnes *faisandées*, ou seja, processadas pouco antes de se tornarem imprestáveis, para guardarem o sabor característico. O mesmo conselho foi dado no século 14 pelo cozinheiro francês Guillaume Tirel, apelidado Taillevent (em virtude do enorme nariz, "que parecia cortar o vento"). A cozinha da época apreciava o sabor picante da pimenta e seu contraste com o agridoce. No livro *Le viandier*, uma das mais antigas obras de culinária escritas em francês, Taillevent menciona carnes temperadas com pimenta. Mas há grande possibilidade de a receita do filet au poivre ter sido sistematizada apenas no século 19, por obra de Auguste Joliveau, do Café de Paris, na avenue de L'Opéra. Sua fórmula valoriza o filé-mignon, carne localizada abaixo das vértebras lombares do boi e extremamente tenra, pois praticamente não é movimentada durante a locomoção do animal. Muita gente o acha sem graça, mas a objeção é injusta. O filé-mignon aceita molhos de várias naturezas, originando diversos clássicos. São exemplos os filés Chateaubriand, à Diana, ao molho de mostarda, à Wellington, en croûte, Henri IV e au poivre. Esse último, como o nome indica, deve sua forte personalidade à mais cosmopolita das especiarias.

Ingredientes 4 PESSOAS

4 bifes de filé-mignon com 250 g cada um
20 g de pimenta-do-reino branca
20 g de pimenta-do-reino preta
20 g de pimenta-da-jamaica seca
20 g de pimenta-verde em grão
2 colheres (sopa) de óleo de girassol
70 g de manteiga
150 ml de conhaque
500 ml de molho rôti (ver p. 128)
100 g de creme de leite fresco
sal

Preparo: tempere o filé-mignon com sal. Triture grosseiramente todas as pimentas juntas e passe os filés nessa mistura. Numa frigideira, aqueça o óleo e 1 colher de sopa de manteiga e grelhe os filés no ponto desejado. Retire-os da frigideira e reserve. Na mesma frigideira, em fogo baixo, coloque a manteiga restante, acrescente o conhaque e flambe. Acrescente o molho rôti e o creme de leite, corrija o sal e deixe reduzir um pouco, para ficar mais consistente.

Montagem: coloque os filés em pratos individuais, disponha o molho por cima e sirva imediatamente, acompanhando de batata frita.

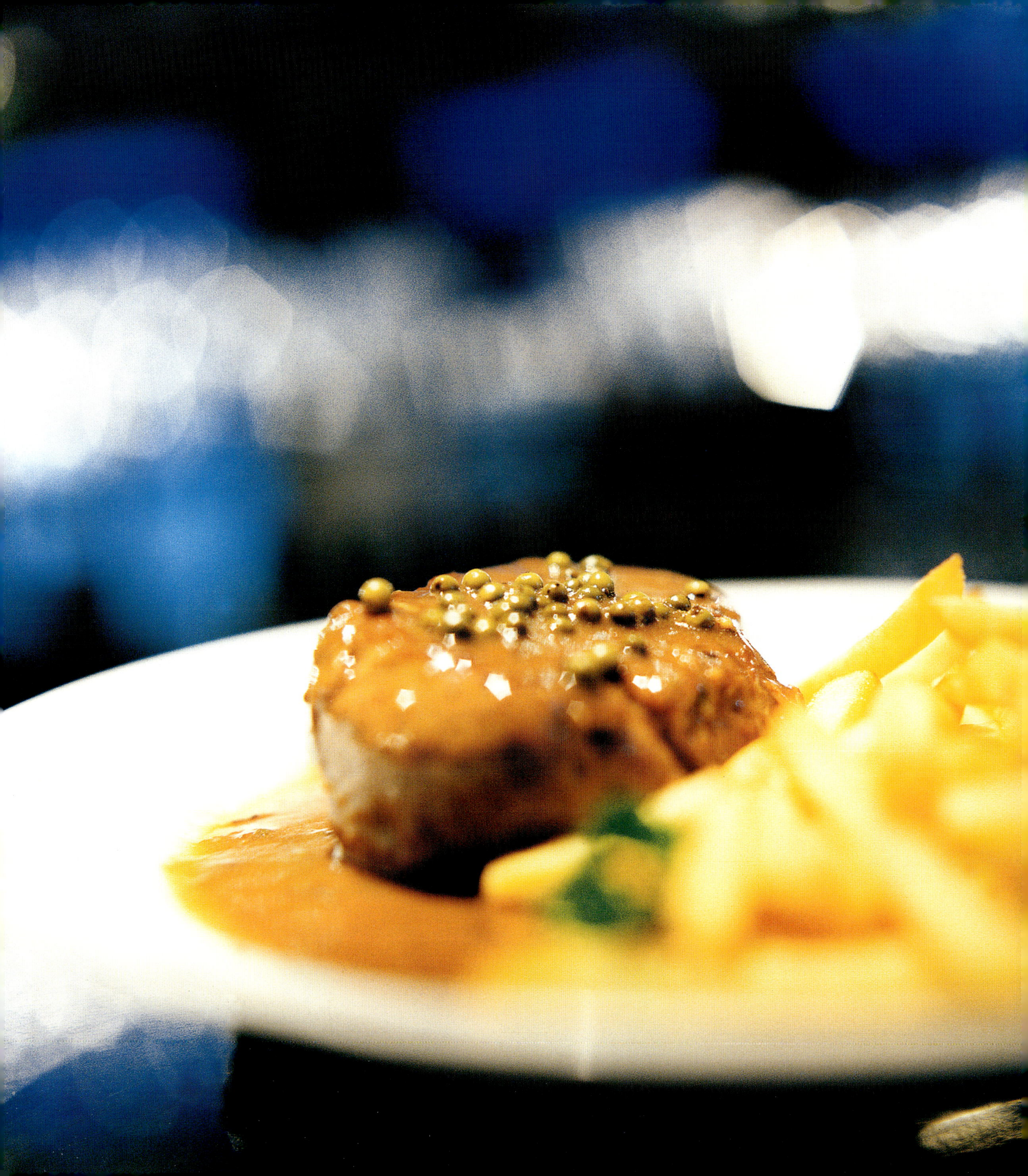

TOURNEDOS ROSSINI

Comilão assumido, gordo despreocupado e cozinheiro amador, o compositor Gioacchino Rossini (1792-1868) deixou duas obras-primas: a receita de tournedos Rossini e a ópera-cômica *O barbeiro de Sevilha*. Em seu livro *Le guide culinaire*, de 1903, o chef Auguste Escoffier, que redefiniu os padrões da gastronomia francesa, reuniu várias produções culinárias do gênio italiano. Ali e em outras obras, o sobrenome Rossini é associado a ovos mexidos, quentes ou pochés, omeletes, alcachofra gratinada, linguado, frango sauté, suprême de ave, escalope de ris de veau e vol-au-vent. No domínio da música, Rossini criou 39 óperas, além de composições camerísticas, orquestrais, militares e litúrgicas. Mas nenhuma se compara à originalidade do tournedos Rossini e à inspiração do *Barbeiro de Sevilha*. Coincidentemente, as duas obras-primas foram mal recebidas na estréia. Conta-se que o maître do Café Anglais, de Paris, ficou estarrecido quando o gastrônomo-compositor lhe pediu que colocasse sobre o medalhão de filé um escalope de foie gras e lâminas de trufa. Envergonhado, o maître serviu o prato de costas para o salão, escondendo-o dos demais clientes. O gesto teria originado o nome da receita. Em francês, *en tournant le dos* significa "virando as costas". A palavra *tournedos* é corruptela dessa expressão. Quanto a *O barbeiro de Sevilha*, vaias perturbaram a estréia, em Roma, e só no dia seguinte a ópera foi aplaudida. Hoje, é das mais representadas no mundo. A famosa receita de Rossini combina duas obsessões gastronômicas que o acompanharam ao longo da vida: foie gras e trufa-preta. O fígado gordo de ganso ou de pato o levava ao êxtase. A presença da trufa lhe umedecia os olhos. "É o Mozart dos cogumelos", afirmava. Desde a infância em Pesaro, sua cidade natal, até a morte, em Paris, aos 76 anos, Rossini comeu divinamente. Sua primeira mulher, a soprano espanhola Isabella Colbran, detestava cozinhar. O marido se aborrecia por não conseguir aproximá-la do fogão. Muitas vezes entrou na cozinha e fez pratos para ela. Em 1832, o gastrônomo-compositor foi à forra. Já separado de Isabella, uniu-se a uma grande cozinheira, a francesa Olympe Pélissier. A segunda esposa cuidou afetuosamente de sua gula, preparando-lhe banquetes pantagruélicos. "O casamento com sua cozinheira testemunhou a singular fraqueza de Rossini pela mesa", disparou um crítico. Alguns biógrafos afirmam que Rossini só chorou três vezes na vida. A primeira, ao ouvir as vaias para *O barbeiro de Sevilha*. A segunda, ao ouvir uma ária cantada pelo napolitano Michele Carafa, bom compositor, mas péssimo cantor. E a última, ao passear de barco e deixar seu lanche – peru recheado com trufas, naturalmente – cair no lago. Quando morreu, um companheiro de mesa confessou não saber onde deveriam sepultar o corpo do gastrônomo-compositor, se no cemitério Père-Lachaise, ao lado dos colegas Chopin e Bellini, ou se no panteão dos comilões.

Ingredientes 4 PESSOAS
4 fatias de pão de fôrma

MOLHO PÉRIGUEUX
200 ml de vinho do Porto
40 g de trufas negras raladas
500 ml de molho Madeira (ver p. 110)

BATATA RÖSTI
500 g de batata
1 colher (sopa) de salsinha picada
100 ml de óleo de girassol
50 g de manteiga
sal e pimenta-do-reino

FILÉ
4 bifes de filé-mignon com 150 g cada
50 ml de óleo de milho
4 fatias de foie gras fresco
10 g de trufas negras em lascas
sal e pimenta-do-reino

Preparo: corte as fatias de pão de forma com um molde redondo e torre-as em forno baixo (150°C). Reserve.

Molho périgueux: numa panela, coloque o vinho do Porto e as trufas e deixe reduzir à metade. Incorpore o molho Madeira, reduza à metade novamente e reserve.

Batata rösti: descasque e rale as batatas no ralador grosso. Tempere com sal e pimenta e junte a salsinha, misturando bem. Numa frigideira, aqueça o óleo e a manteiga e coloque as batatas, apertando bem com uma espátula para formar uma panqueca. Deixe dourar, vire e doure do outro lado.

Filé: numa frigideira, aqueça o óleo e grelhe, no ponto desejado, o filé-mignon temperado com sal e pimenta. Reserve. Grelhe o foie gras fresco em fogo brando. Não há necessidade de acrescentar gordura, pois a do fígado já é suficiente.

Montagem: disponha as torradas em pratos individuais. Sobre elas, coloque o filé e o foie gras grelhados. Por cima, disponha o molho e uma lasca da trufa negra. Sirva imediatamente com o rösti de batata.

MÉDAILLON DIJONNAISE

Eis uma situação em que tamanho é documento. Quando cortado com no mínimo 1,5 centímetro de altura e entre 110 e 120 gramas de peso, o filé-mignon se chama medalhão. Com quatro centímetros e 180 gramas, passa a ser tournedos. Se dobrar de tamanho e alcançar de trezentos a 350 gramas, converte-se em chateubriand. Os três cortes resultam do centro do filé-mignon, que fornece porções uniformes. O medalhão é uma porção de carne com formato redondo. Ao contrário da crença popular, não necessita ser amarrado para manter a silhueta. Costuma ser grelhado ou frito. Fica esplêndido quando banhado pelo molho dijonnaise, ou melhor, à base de mostarda de Dijon. O condimento homenageia a capital da região francesa da Borgonha. Sempre que uma receita se intitula *à la dijonnaise*, isso significa que leva uma especialidade de Dijon. Nos doces, o cassis; nos pratos salgados, a mostarda. Aliás, vale fazer algumas observações sobre ela, um dos mais magníficos ingredientes da cozinha francesa. Essa mostarda é elaborada com os grãos da planta homônima. Cremosa e forte, pode ser preparada de muitas maneiras, enriquecendo receitas das mais diferentes cozinhas. No século 3 a.C., o general persa Dario desafiou o grego Alexandre, o Grande, enviando-lhe um pequeno saco com sementes de gergelim. Cada grão representava um soldado de seu numeroso exército. Alexandre revidou, enviando a Dario um saco menor com sementes de mostarda. Sua mensagem: apesar de inferiorizadas numericamente, as tropas gregas eram suficientemente fortes para enfrentar a maioria persa. Não por acaso, a palavra mostarda deriva do latim *mustum ardens*, ou mosto ardente. Seus grãos foram levados pelos romanos à França e transformados em pasta, muitas vezes com adição de vinho branco. Em 1643, Dijon obteve a exclusividade de fabricação da mostarda cremosa em território francês. Ainda hoje, responde pela metade da produção mundial.

Ingredientes 4 PESSOAS

MEDALHÕES
1 peça de filé-mignon com cerca de 1,6 kg
1 colher (sopa) de manteiga
1 colher (sopa) de azeite de oliva extravirgem

MOLHO DIJON
1 cebola
1 bouquet garni com alecrim e tomilho
450 ml de vinagre de vinho branco
200 g de mostarda de Dijon
250 g de creme de leite fresco
500 ml de molho rôti (ver p. 128)

GRATIN DE BATATA
1 kg de batata
500 ml de caldo de carne
2 ramos de tomilho
100 g de creme de leite fresco
100 g de queijo parmesão ralado

ACOMPANHAMENTO
8 aspargos cozidos no vapor
4 ramos de brócolis cozidos no vapor

Preparo | **Medalhões:** limpe o filé-mignon e corte 8 medalhões com cerca de 200 g cada um. Reserve.
Molho Dijon: numa panela, coloque a cebola cortada grosseiramente, o bouquet garni e o vinagre de vinho branco. Leve ao fogo e reduza pela metade. Acrescente a mostarda de Dijon, o creme de leite e o molho rôti e deixe ferver até obter uma consistência bem cremosa.

Gratin de batata: corte as batatas em fatias bem finas, coloque-as numa assadeira untada com um pouco de manteiga e regue com o caldo de carne. Por cima, disponha as folhas de tomilho. Asse em forno preaquecido moderado (180°C) por cerca de 1 hora. Retire do forno, acrescente o creme de leite e o queijo parmesão e leve ao forno novamente, até gratinar. Deixe esfriar e, com cortador redondo, corte o gratin em rodelas. Reserve.

Montagem: grelhe os medalhões em azeite e manteiga e finalize o cozimento no molho Dijon. Em pratos individuais, coloque o gratin de batata previamente aquecido, 1 ramo de brócoli e 2 aspargos. Disponha os medalhões e, por cima, coloque o molho. Sirva imediatamente.

GIGOT D'AGNEAU
À LA BRETONNE

Com território projetado sobre o Atlântico, costa toda recortada, praias que enfrentam marés violentas e vales cobertos de florestas – enfim, uma paisagem severa e bravia –, a Bretanha se distingue das outras regiões da França. Suas peculiaridades naturais influenciam o copo e a mesa do bretão. A região não produz grandes vinhos. O bretão bebe um forte destilado local. Diz a lenda que, quando um homem esvazia uma garrafa, é preciso outros cinco para segurá-lo e uma parede para evitar que caia em cima deles. A comida da região é simples, opulenta e deliciosa. Baseia-se em pratos de carne suína ou ovina, como o gigot d'agneau à la bretonne – pernil de cordeiro assado no forno e servido com feijão-branco. Apesar de camponesa, essa culinária figura no cardápio dos melhores restaurantes do mundo. Cordeiro é o carneiro jovem. A Europa o classifica em dois tipos. Há o cordeiro de leite, não-desmamado, que ainda não começou a pastar, abatido com oito a dez quilos. Possui carne levemente rosada, tendendo ao branco, além de ser bastante tenra. O outro tipo é chamado apenas de cordeiro. Costuma ser abatido com oito a dez semanas de vida, pesando catorze quilos. Alimenta-se com leite e pasto. Por isso, já apresenta carne ligeiramente avermelhada. (No Brasil, somos menos rigorosos. Chamamos de cordeiro o ovino abatido com até 32 semanas e pesando cerca de 25 quilos. Classifica-se assim porque ainda possui dentes de leite.) O gigot deve ser comprado pesando no máximo 2,5 quilos. Acima disso, será de animal mais velho, carneiro ou ovelha. A carne do animal novo é mais clara, assim como sua gordura.

Ingredientes 4 PESSOAS

PERNIL
1 pernil de cordeiro com cerca de 1,5 kg
4 dentes de alho
50 ml de óleo de milho
sal

FEIJÃO-BRANCO
500 g de feijão-branco
1 cebola média com 3 cravos espetados
1 cenoura média
1 bouquet garni de tomilho, louro e manjericão
caldo de carne suficiente para cobrir o feijão (ver p. 128)
2 colheres (sopa) de manteiga de escargot (ver p. 49)

MOLHO
1,5 kg de aparas e ossos de cordeiro
300 ml de vinho branco seco
1 cebola
3 folhas de louro
3 litros de água
8 dentes de alho confit (ver p. 128)
1 ramo de manjericão picado

Preparo | **Pernil:** limpe o pernil de cordeiro, faça furos na carne com a faca e introduza os dentes de alho o mais próximo possível do osso. Tempere com sal e leve para dourar numa frigideira grande com o óleo de milho. Leve ao forno preaquecido moderado (180°C) por 20 minutos. Reserve.

Feijão-branco: deixe o feijão de molho pelo menos 8 horas. Cozinhe-o junte com os demais ingredientes (menos a manteiga de escargot) no caldo de carne, até ficar macio. Retire a cenoura, a cebola e o bouquet garni. Retire 1 concha do feijão, bata no liquidificador e despeje novamente na panela. Leve ao fogo novamente para engrossar o caldo.

Molho: doure as aparas e os ossos de cordeiro em forno forte. Coloque numa panela grande e junte os demais ingredientes, exceto o manjericão picado e o alho confit. Leve ao fogo baixo e cozinhe por cerca de 4 horas. Coe e leve novamente ao fogo, até reduzir à metade. Incorpore o alho confit e o manjericão picado.

Montagem: corte o pernil em fatias finas, arrume-as em pratos individuais e leve ao forno para aquecer. A carne de cordeiro deve ser servida ao ponto, para não ressecar. Tempere o feijão com a manteiga de escargot, coloque um pouco em cada prato ao lado das fatias de cordeiro e disponha o molho por cima. Sirva imediatamente.

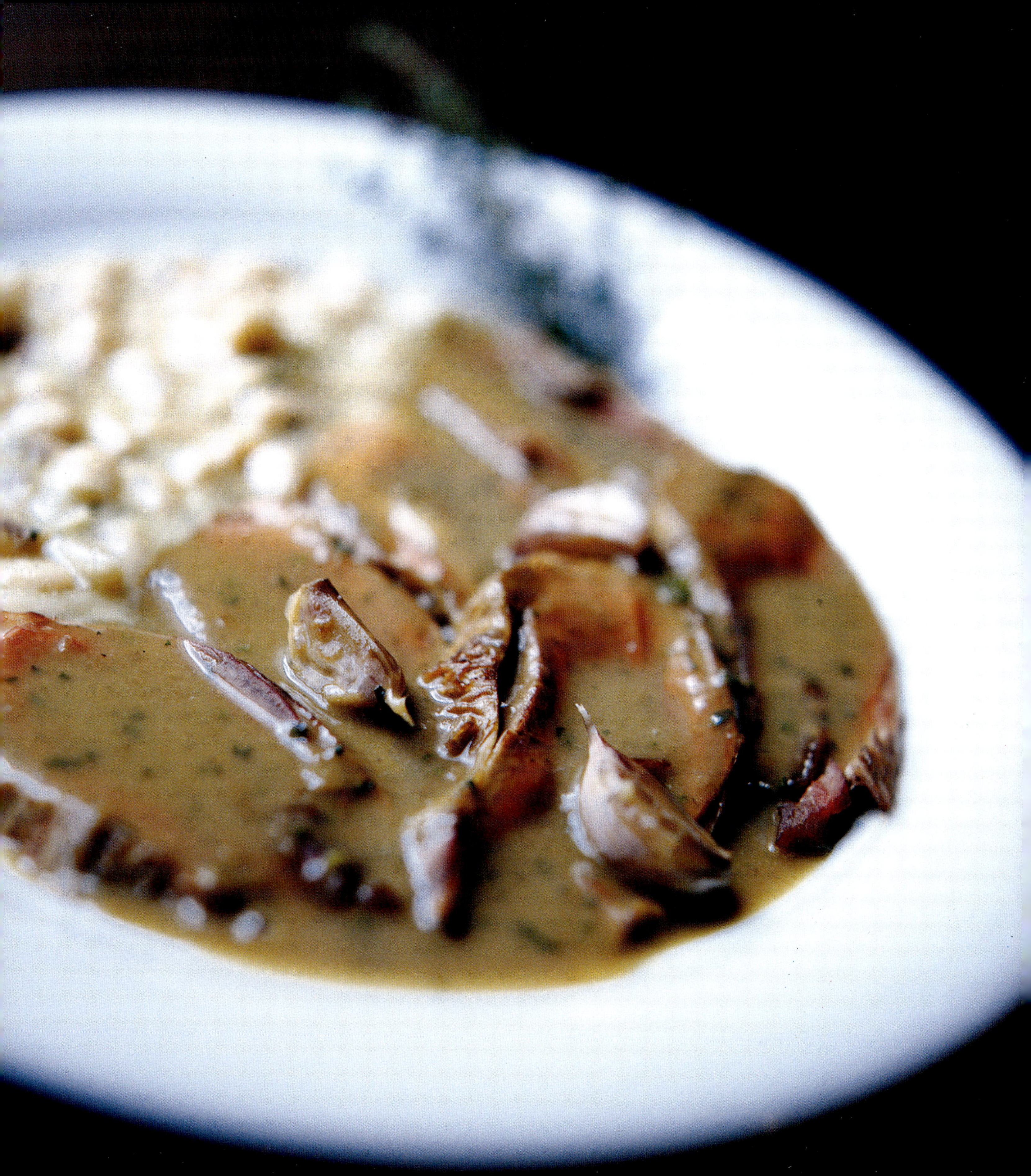

COTOLETTA DI VITELLO

ALLA MILANESE

Italianos e austríacos não chegam a um acordo sobre quem inventou a cotoletta alla milanese. Como o nome indica, o epicentro dessa receita é a cidade de Milão, capital da Lombardia. Ali, é feita com costeleta do vitelo, ou seja, carne com osso, muito tenra e magra, tirada do lombo do bovino jovem. A costeleta é passada primeiro em ovo batido e temperado com pimenta e depois em miolo de pão ralado grosseiramente. Por fim, é levada a fritar em pequena quantidade de manteiga. Jamais a mergulham na gordura. Portanto, não se trata de uma fritura clássica. A carne fica bem cozida, mas delicada e suculenta. Também se discute a grafia *cotoletta*. Para alguns, seria corruptela de *costoletta*, usada no sul do país. Outros acreditam derivar do francês *côtelette*. Atualmente, tende-se a aceitar a última hipótese, já que Milão fica mais próxima da França que do sul da Itália. Os austríacos dominaram a capital da Lombardia nos séculos 18 e 19. Querem ser os inventores da receita porque têm em seu livro de cozinha um prato assemelhado: o empanado *wiener schnitzel*. Este, porém, difere da cotoletta alla milanese. O *wiener schnitzel* é passado na farinha antes do ovo. Além disso, a carne provém não da costeleta, mas da perna traseira do animal. Na prática, é uma *scaloppa di vitello*. Era também feito na banha de porco, e só mais recentemente passou a ser frito no óleo. Pietro Verri, escritor milanês do século 18, ofereceu subsídios para os italianos contestarem a versão austríaca. No livro *História de Milão*, cita um remoto almoço oferecido aos cônegos de s. Ambrósio, em que havia *lombulos cum panitio*, ou seja, costeletas empanadas. Outro documento importante é uma carta que o marechal austríaco Radetzky enviou de Milão ao ajudante-de-campo do imperador de seu país, expressando o encanto com a cotoletta. Assim, é mais provável que tenha ocorrido influência inversa. Os austríacos devem ter aprendido a receita com os italianos – e não o contrário. Hoje, emprega-se internacionalmente a expressão alla milanese em outros pratos. No Brasil, aplica-se até ao peixe marinho empanado. Isso já é demais: Milão fica no interior da Itália, e nunca foi tocada pelas águas do mar. A receita do Parigi veio da Itália, trazida pela família Fasano, e começou a ser preparada no restaurante Fasano. Foi desde o início um prato de sucesso. Quando esteve no Brasil, Giuseppe Cipriani, neto do restaurateur veneziano que criou o carpaccio, provou e aprovou o prato. Telefonou do restaurante para o pai, na Itália, e afirmou sem rodeios: "Estou comendo a melhor cotoletta alla milanese da minha vida". Em seguida, houve uma

O bonde na Piazza del Duomo em 1932

troca de gentilezas. Cipriani e o pai colocaram a cotoletta alla Fasano no cardápio da casa que possuem em Nova York. Rogério Fasano, administrador do grupo que controla o Fasano e o Parigi, passou a oferecer carpaccio à clientela. Luigi Veronelli, um dos mais importantes críticos de culinária e vinho da Itália, foi outro que se encantou com o prato. Ao retornar para a pátria, escreveu um artigo dizendo que saboreara no Fasano a melhor cotoletta alla milanese de sua vida, "a 11 mil quilômetros de distância do país que desenvolveu a receita".

Ingredientes 4 pessoas

COSTELETAS

800 g de carré de vitela
4 ovos
50 g de queijo parmesão ralado
1 pão italiano sem casca, cortado em pedaços bem pequenos
45 g de manteiga
100 ml de óleo de milho
sal e pimenta-do-reino

RISOTTO ALLA MILANESE

30 g de manteiga sem sal
1 cebola média picada finamente
200 g de arroz arborio
50 ml de vinho branco seco
2 envelopes de açafrão em pó
1 litro de caldo de carne (ver p. 128)
50 g de queijo parmesão ralado

Preparo

Costeletas: limpe o carré de vitela, divida em 4 costeletas com dois ossos cada uma e elimine um dos ossos. Bata as costeletas com um martelo de carne, para deixá-las o maior possível. Tome cuidado para não rasgá-las, pois a vitela é uma carne delicada. Reserve.

Risotto alla milanese: numa panela, coloque 20 g da manteiga e a cebola picada. Junte o arroz e refogue até ficar transparente. Acrescente o vinho branco e, quando este tiver sido absorvido, junte o açafrão e acrescente aos poucos o caldo de carne fervente, na medida em que for sendo absorvido (cerca de 1 concha por vez). Quando o arroz estiver quase cozido, mas ainda al dente, retire do fogo, acrescente a manteiga restante e o queijo parmesão. Mexa vigorosamente para incorporar todos os ingredientes.

Costeletas: bata os ovos, junte o queijo parmesão e um pouco de sal. Tempere as costeletas com sal e pimenta e passe na mistura de ovos e nos pedaços de pão italiano, apertando bem para que se fixem às costeletas. Numa frigideira grande, aqueça a manteiga com o óleo e frite as costeletas em fogo médio até dourarem.

Montagem: disponha as costeletas em pratos individuais e sirva imediatamente, acompanhadas do risotto alla milanese e de uma fatia pequena de limão.

BOEUF À LA BOURGUIGNONNE

Antiga região da França, a Borgonha é famosa pelo vinho tinto e pelo gado charolês. Combinadas, essas duas coisas dão resultados espetaculares na cozinha. Um dos exemplos da aplaudida fusão é o boeuf à la bourguignonne ou boeuf borguignon. No preparo, cubos de contrafilé, alcatra, coxão mole ou músculo cozinham lentamente em tinto encorpado. A tradição manda usar o mesmo vinho que será bebido com a comida. É receita apreciada desde o século 17, mas, estranhamente, não figura nos primeiros livros de culinária da região, nem em clássicos recentes como o *Le cuisinier bourguignon*, de Alfred Contour, publicado em 1931. A expressão *à la bourguignonne* também possui acepção ampla. Designa as preparações nas quais entram o vinho e uma guarnição composta de cogumelos-de-paris, pequenas cebolas e pedaços de toucinho. O solo e o clima da Borgonha, extremamente favoráveis ao desenvolvimento de uvas viníferas, produzem jóias da enologia. Os tintos mais famosos se chamam Chambertin, Clos de Vougeot, Volnay, La Tâche, Musigny, Pomard, Romanée-Conti e Vosne Romanée; os brancos são Chablis, Chassagne-Montrachet, Corton-Charlemagne, Meursault, Montrachet e Poligny-Montrachet. Nas férteis pastagens da Borgonha, o gado charolês aprimora sua carne saborosa e, teoricamente, magra. Com muito prestígio no mercado, a raça é criada em outros países, aí incluído o Brasil. A carne e o vinho constituem antiga combinação culinária, que, aparentemente, foi descoberta no tempo de Noé. O Velho Testamento diz que o patriarca bíblico plantou a videira após o dilúvio universal e que, ainda, teria sido o primeiro homem a receber permissão divina para comer carne. O vinho funciona como tempero, amaciante e nutriente. No livro *Cozinha regional francesa*, lançado no Brasil em 2000, a escritora inglesa Elizabeth David observa que o boeuf à la bourguignonne é mais preparado pelas donas-de-casa e restaurantes populares do que pelos grandes chefs franceses.

Ingredientes 4 PESSOAS

VITELA

500 g de miolo de alcatra de vitela
1 cebola média em pedaços
1 cenoura média picada em pedaços
1 bouquet garni de tomilho, alecrim e louro
1,5 litro de vinho tinto seco
1 colher (sopa) de óleo de milho
100 g de bacon cortado em cubos pequenos
200 ml de caldo de carne (ver p. 128)
12 minicenouras
12 cebolinhas
12 cogumelos-de-paris fatiados
sal e pimenta-do-reino

ROUX

25 g de manteiga e 25 g de farinha de trigo

Preparo | Vitela: limpe e corte a vitela em cubos com cerca de 1,5 cm de lado. Coloque numa vasilha com a cebola, a cenoura, o bouquet garni, o vinho tinto, sal e pimenta. Deixe marinar pelo menos 24 horas. Retire a carne e coe a marinada. Aqueça o óleo e refogue a carne com o bacon até dourarem. Junte o caldo de carne e a marinada coada e cozinhe até que a carne esteja macia (cerca de 1 hora). Acrescente as minicenouras e as cebolinhas e cozinhe até ficarem macias.

Roux: cozinhe a farinha de trigo na manteiga por cerca de 2 minutos. Despeje na panela da carne e cozinhe, mexendo sempre, até engrossar. Junte o cogumelo e deixe cozinhar. Corrija o sal e a pimenta. Sirva acompanhado de fettuccine na manteiga.

OSSOBUCO DI VITELLA

ALLA MENEGHINA

Impossível conceber a cozinha meneghina ou milanesa sem o ossobuco. É prato tão característico da capital da Lombardia quanto a cotoletta e o risotto. A diferença é que os dois últimos, para explicitarem a procedência, apresentam-se alla milanese. O ossobuco pode dispensar esse esclarecimento. Encontramos receita igual ou transformada em outras cidades italianas. Mas é em Milão que ele adquire o status de obra-prima. O ossobuco sai da perna traseira do bovino, entre o mocotó e o joelho. Prefere-se o do vitelo. Comercialmente, também há o ossobuco da perna dianteira. O sabor é parecido, mas a aparência difere. Em cada perna dianteira existem dois ossos justapostos. O inconveniente é serem pobres em tutano – o tesouro do ossobuco. Por isso mesmo, abate-se o vitelo com no mínimo três meses. É a partir dessa idade que aparece o tutano. Preparada corretamente, a carne permanece em volta do osso. Lá dentro, à espera de nossa prospecção, camufla-se o tutano. Na Itália, recorre-se ao *esattore*, um talher de metal fino e comprido usado igualmente para comer crustáceos. Numa ponta existe um garfinho; na outra, uma pequena colher. Antes de servir o ossobuco, espalha-se sobre ele a gremolata, combinação de casca ralada de limão e laranja, sal e alho e salsinha picados. Tradicionalmente, o antológico risotto alla milanese acompanha o prato. Mas alguns gastrônomos preferem o risotto alla parmigiana. Os livros registram a dissidência. Pela força aromática, que se deve à presença do açafrão, o risotto alla milanese seria um prato autônomo, difícil de harmonizar com qualquer outro. Mas, evidentemente, trata-se de uma questão de gosto.

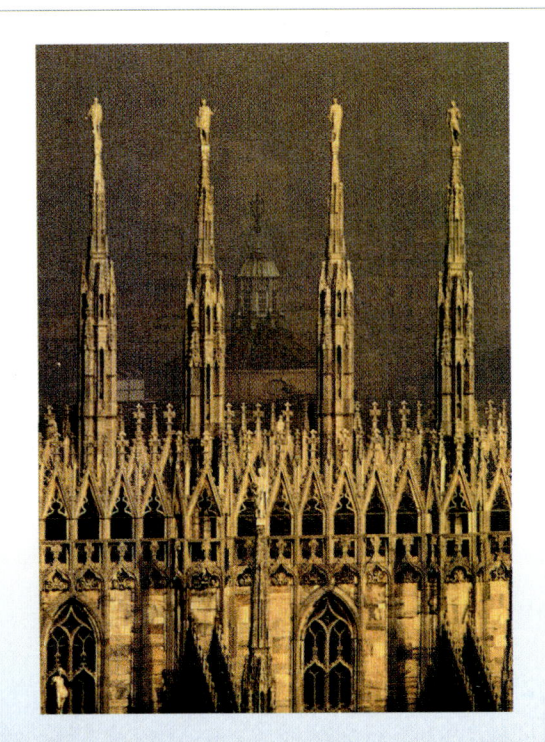

Ingredientes 4 PESSOAS

GREMOLATA
1 limão
1 laranja
2 dentes de alho
2 colheres (sopa) de salsinha picada
sal

OSSOBUCO
1,5 kg de ossobuco de vitela
100 g de farinha de trigo
50 ml de óleo de girassol
1 cenoura média bem picada
1 cebola média bem picada
2 talos de salsão bem picados
250 ml de vinho branco seco
1 bouquet garni com tomilho, alecrim, sálvia e louro
1 kg de tomate sem pele e sem semente picado
1 litro de caldo de carne (ver p. 128)
sal e pimenta-do-reino

ACOMPANHAMENTO
risotto alla milanese (ver p. 99)

Preparo

Gremolata: rale a casca do limão e da laranja. Tome cuidado para não atingir a parte branca, pois isso dará sabor amargo ao prato. Pique os dentes de alho em pedaços muito pequenos e misture com a salsinha picada, as cascas raladas e o sal. Reserve.

Ossobuco: tempere as peças de ossobuco com sal e pimenta, coloque-as num prato com a farinha de trigo e envolva-as completamente. Retire o excesso de farinha e reserve. Numa panela grande o suficiente para que todas as peças de carne caibam em uma só camada, aqueça o óleo de girassol e doure as peças de ossobuco em fogo alto. Quando estiverem douradas por inteiro, retire-as da panela e coloque a cenoura, a cebola e o salsão. Refogue em fogo baixo por cerca de 10 minutos, até que murchem. Torne a colocar o ossobuco na panela, junte o vinho branco e o bouquet garni e deixe reduzir à metade em fogo brando. Aumente o fogo, acrescente os tomates e refogue até estarem bem incorporados ao molho. Junte o caldo de carne fervente e cozinhe com a panela semitampada por cerca de 2 horas, ou até estarem bem macios.

Montagem: em pratos individuais, coloque o risotto alla milanese e as peças de ossobuco e regue com o molho. Por cima do ossobuco, disponha a gremolata. Sirva imediatamente. A gremolata irá realçar o tempero, acrescentando um aroma peculiar ao prato.

BLANQUETTE DE VEAU

Denominação típica da cozinha francesa, a blanquette é conhecida em todo o mundo. Utiliza carnes de vitelo e cordeiro, frango e coelho. Deve seu nome à característica de ser "branca", ou seja, os ingredientes não escurecem durante o cozimento. Esse cuidado confere à blanquette uma atraente delicadeza. Existem muitas variantes de preparo. Em geral, a carne é cortada em cubos, cujas dimensões oscilam entre 1,5 e 2,5 centímetros de lado e cozida em caldo com cebola, cenoura e ervas. No passado, usava-se apenas carne de paleta, curiosamente com osso. Cortava-se primeiro em tiras, no sentido transversal. Depois, separava-se um osso do outro. Resultavam quadradinhos que mediam de 2 a 3 centímetros. Como o osso incomodava no prato, passou-se a utilizar apenas a carne. Hoje, muitos cozinheiros sugerem a alcatra. A blanquette apresenta semelhanças com a fricassée, mencionada no século 17 na obra de François de La Varenne, ícone da cozinha francesa. Ambas são pratos obrigatórios nos bistrôs de Paris. Mas existem diferenças importantes entre uma e outra. Na fricassé, doura-se a carne no início do preparo. O procedimento lhe confere cor. Além disso, os ingredientes vão juntos no caldo básico, em vez de cozidos separadamente, antes de misturados ao molho. Na fórmula da blanquette, é fundamental a presença de cebolinhas pequenas, em razoável quantidade. Cozinham em molho com creme de leite, mas mantêm a consistência firme.

Ingredientes 4 PESSOAS

VITELA

500 g de miolo de alcatra de vitela
1 cebola média com 3 cravos espetados
1 cenoura média em cubos
1 bouquet garni com alecrim, louro e tomilho
2 litros de caldo de carne (ver p. 128)
500 g de creme de leite fresco
16 minicenouras
20 cebolinhas
20 cogumelos-de-paris
16 aspargos frescos em pedaços
sal e pimenta-do-reino

ROUX

25 g de manteiga
25 g de farinha de trigo

Preparo |
Vitela: limpe a vitela e corte em cubos com cerca de 1,5 cm de lado. Numa panela, leve ao fogo a vitela em cubos, a cebola, a cenoura, o bouquet garni e o caldo de carne, para cozinhar até a carne ficar macia (cerca de 1 hora). Retire a carne e coe o líquido do cozimento. Leve o líquido novamente ao fogo, deixe reduzir à metade e acrescente o creme de leite, as minicenouras, as cebolinhas, os cogumelos e os aspargos. Quando estiverem al dente, junte a carne e aqueça bem. Corrija o sal e tempere com a pimenta.
Roux: cozinhe a manteiga com a farinha de trigo por cerca de 2 minutos. Despeje isso na panela com a carne e cozinhe até que o caldo engrosse. Sirva imediatamente, acompanhado de arroz branco.

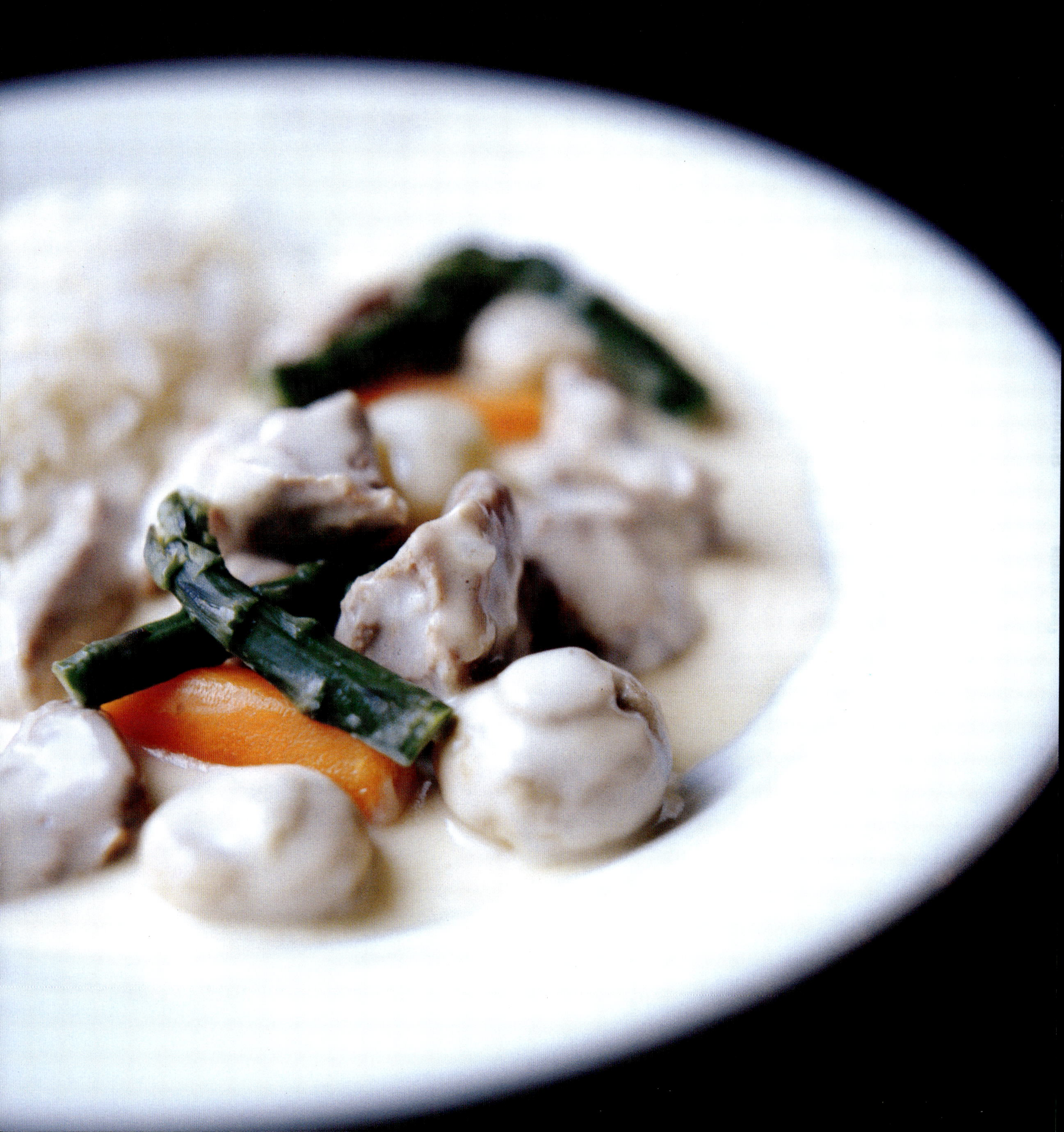

SCALOPPINE AL MARSALA

Os manuais de cozinha italiana definem *scaloppina* (palavra feminina, singular de *scaloppine*) como fina fatia de carne de vitelo ou porco, retirada de coxão mole, patinho ou filé-mignon ou também de peito do peru. Deve pesar cinqüenta gramas, não conter gordura e ser batida com instrumento adequado a fim de adquirir formato oval e ficar com uns cinco milímetros de espessura. É ideal para preparos de cozimento rápido. Tem origem na palavra francesa *escalope*, descendente da gaulesa *eschalope*, o nome de um molusco que se enrodilha ao ser cozido – o mesmo acontece com a fina fatia de carne dentro da panela. A receita de scaloppine al Marsala manda empregar o mais famoso vinho de sobremesa da Itália. Licoroso e forte, recebeu o nome da cidade siciliana onde sua produção se concentra. O Marsala enfeitiçou o pintor flamengo Rubens, que esteve na Itália em 1600, aprimorando a técnica na escola de Ticiano. Mas esse vinho só ganhou fama internacional a partir da segunda metade do século 19, quando o mercador inglês John Woodhouse conseguiu transformá-lo numa bebida semelhante ao vinho do Porto e da Madeira, ambos portugueses. Acrescido de álcool vínico, passou a suportar melhor as longas travessias oceânicas. As scaloppine al Marsala são um dos muitos pratos italianos nos quais esse vinho figura. Ele também aparece em doces clássicos, entre os quais o zabaione. Ninguém coloca em dúvida que as scaloppine al Marsala pertencem à culinária da Itália. Apesar disso, seu nome de influência francesa perturba os ouvidos mais sensíveis daquele país. No livro *Il talismano della felicità*, um clássico da cozinha popular, Ada Boni apresenta a receita assim: "Se o nome *scaloppine* – com o qual se traduziu a palavra francesa *escalope* – é não só grosseiro, mas também horrível, a culpa não é nossa e sim do uso, porque desde tempos remotos essas fatias de vitelo, que figuram no cardápio de todas as *trattorie* grandes e pequenas, de primeira ou quarta categoria, são chamadas assim".

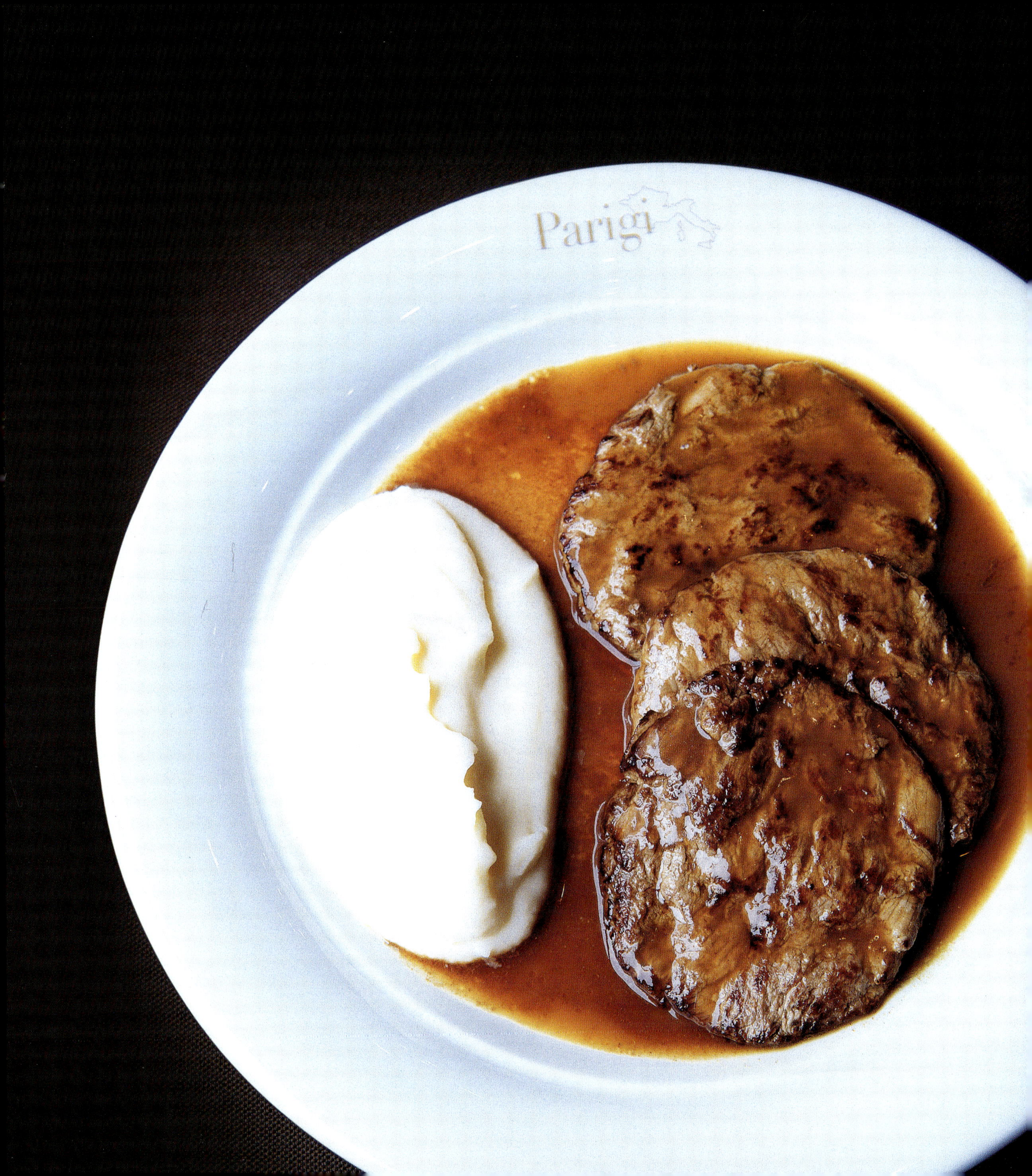
Parigi

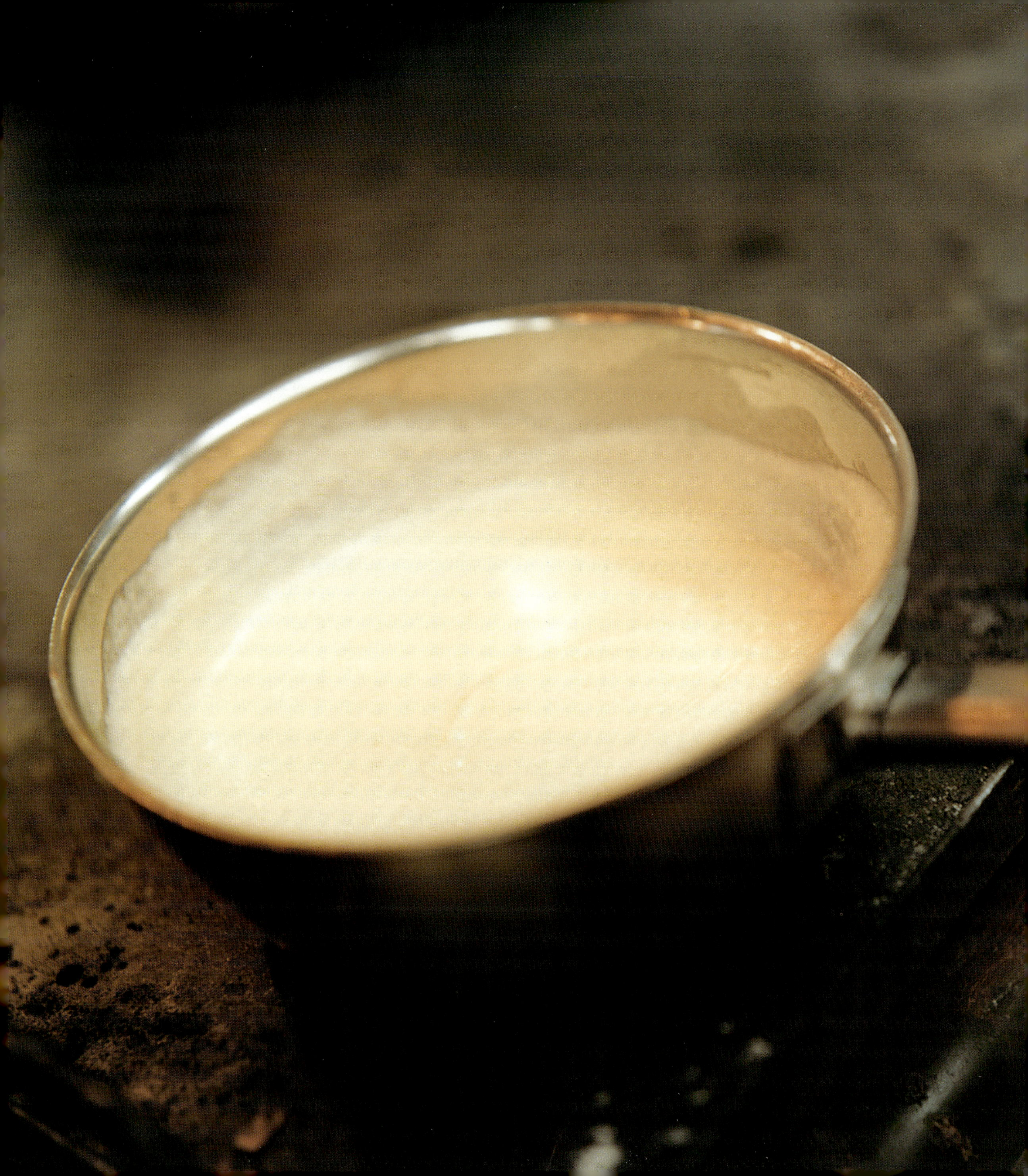

Ingredientes 4 PESSOAS

MOLHO MARSALA

1 cebola média
1 bouquet garni com tomilho, sálvia e louro
350 ml de vinho Marsala seco
250 ml de molho rôti (ver p. 128)

ESCALOPES

1 peça de filé-mignon com cerca de 1 kg
1 colher (sopa) de manteiga
sal

PURÊ DE BATATA

1 kg de batata
500 ml de leite
100 g de manteiga
100 g de creme de leite fresco
noz-moscada ralada
sal

Preparo | Molho Marsala: numa panela, leve ao fogo a cebola, o bouquet garni e o vinho. Deixe reduzir à metade, acrescente o molho rôti e ferva por cerca de 10 minutos até adquirir consistência de molho. Reserve.

Escalopes: limpe o filé-mignon e divida em 12 unidades de 80 g cada. Bata os escalopes entre duas folhas de filme plástico até ficarem bem finos (cerca de 3 mm de espessura). Reserve.

Purê de batata: cozinhe as batatas descascadas em bastante água salgada, escorra e passe pelo espremedor de batatas. Coloque novamente na panela, acrescente o leite e a manteiga e cozinhe, mexendo constantemente, até ficar bem cremoso (cerca de 15 minutos). Acrescente o creme de leite, corrija o sal e tempere com a noz-moscada. Reserve.

Montagem: grelhe os escalopes na manteiga já temperados com um pouco de sal e coloque-os em pratos individuais. Regue com o molho e sirva imediatamente, acompanhados do purê de batata.

ROGNON SAUCE MADÈRE

Um crítico gastronômico francês afirmava que, à mesa, a humanidade se divide em dois grupos: o que gosta e o que não gosta de rins. Afortunadamente, porém, o grupo de apreciadores da especialidade é expressivo, sobretudo entre os adeptos da cozinha francesa. ~ O valor gastronômico do rim varia conforme o animal que o fornece e a idade em que foi abatido. O do vitelo tem ótimo sabor. Sua gordura é apreciada pelos grandes chefs. Os rins do cordeiro e do cabrito também são valorizados. Utiliza-se menos o de porco, pelo sabor fraco. Descarta-se o rim do animal adulto, por apresentar aroma excessivamente pronunciado. Mesmo assim, os ingleses o utilizam num prato típico, o steak and kidney pudding, que comem acompanhado de alguma cerveja do tipo ale, com elevado teor alcoólico. ~ Prepara-se o rim inteiro ou fatiado. Cozinha-se pouco, para não endurecer. O vinho é ingrediente de muitas receitas. No Parigi, recorre-se ao Madeira. O vinho personaliza o molho homônimo, combinado com o caldo de carne. Vem da ilha portuguesa da Madeira e é fortificado, ou seja, leva aguardente vínica, assim como o Porto, o Jerez e o Marsala. ~ Apresenta-se sob diferentes classificações. A França prefere usar o Madeira na cozinha. Já foi o vinho mais bebido em todo o mundo. Nos Estados Unidos, os congressistas americanos saudaram com ele a Declaração de Independência. Na Inglaterra, a população o consome há séculos. Ali, chegou a ocupar o papel que o Porto desempenha atualmente nas mesas reais. No século 15, o duque de Clarence foi condenado à morte pela Câmara dos Lordes. Como era irmão do rei Eduardo IV, mereceu o direito de escolher a forma da execução. Quis ser afogado num tonel cheio de Malvasia, o Madeira mais doce. A lenda diz que morreu feliz.

Ingredientes 4 PESSOAS

MOLHO MADEIRA
500 ml de vinho Madeira
500 ml de molho rôti (ver p. 128)

RIM
600 g de rim de vitela
50 ml de óleo de girassol
sal e pimenta-do-reino

Preparo |
Molho Madeira: numa panela, coloque o vinho Madeira e, em fogo brando, deixe reduzir do volume inicial. Acrescente o molho rôti e deixe apurar bem, mantendo o fogo baixo, por cerca de 30 minutos. Reserve.

Rim: limpe totalmente o rim de vitela, eliminando todas as nervuras e gorduras, e corte em cubos de aproximadamente 1,5 cm de lado. Numa frigideira, aqueça o óleo em fogo alto e refogue o rim. Retire a gordura da frigideira, despeje o molho preparado e corrija o sal e a pimenta. Sirva imediatamente, acompanhado de polenta amarela (ver p. 57).

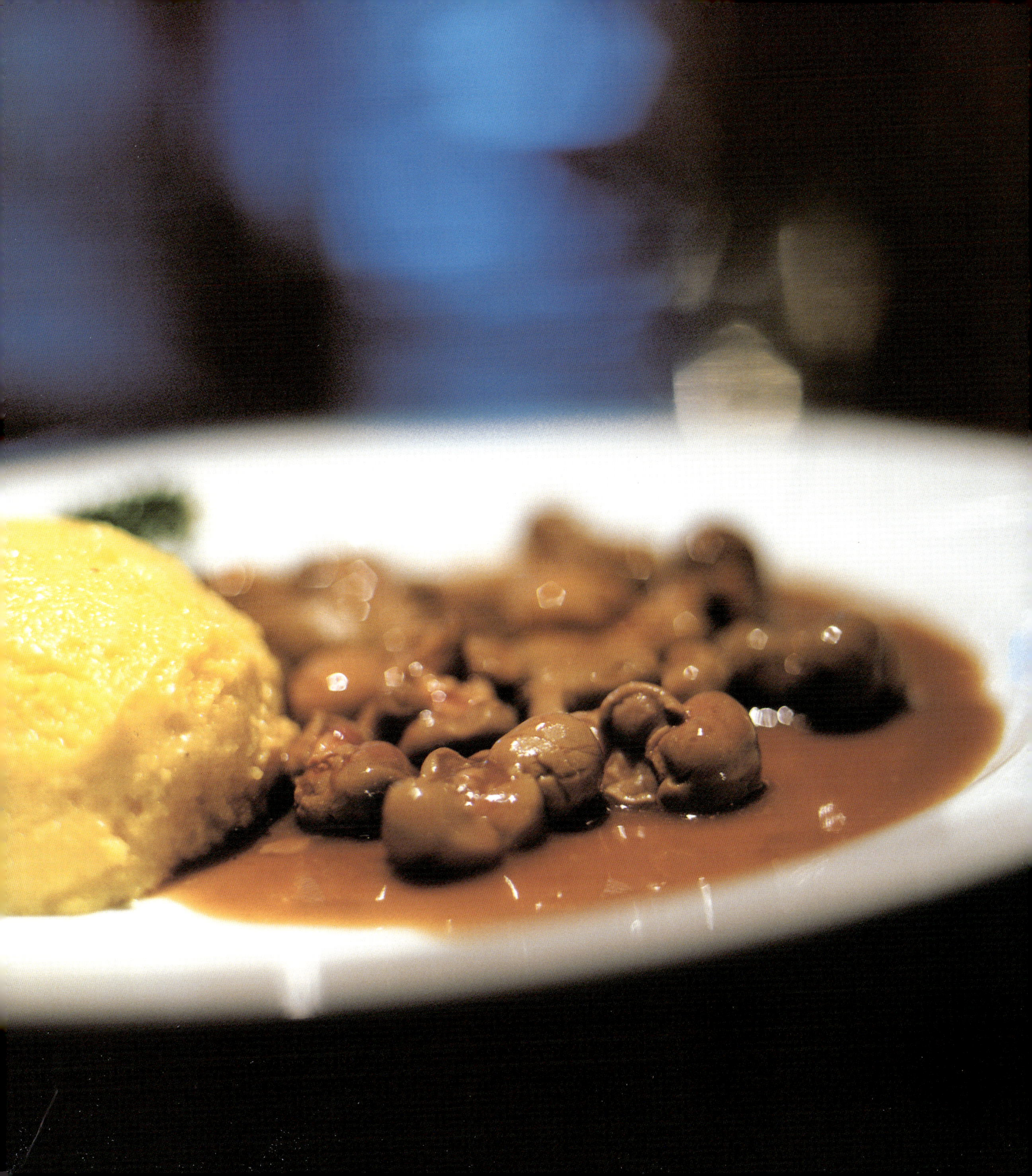

GRAND BOLLITO MISTO

Depois de terem inventado a cerâmica e com ela fabricado os primeiros recipientes de cozinha, entre o nono e o oitavo milênio a.C., nossos ancestrais tiveram a idéia de ferver na água pedaços de carne misturados com vegetais. Assim nasceu o cozido, uma das receitas mais antigas da humanidade, ainda hoje preparada no mundo inteiro. Embora leve carne de diversos animais, é mais freqüente nos países que se dedicam à criação do gado bovino. Chama-se pot-au-feu na França; cocido madrileño e olla podrida na Espanha; boiled dinner nos Estados Unidos; Irish stew na Irlanda; puchero na Argentina e Uruguai; "cozido" em Portugal e no centro e norte do Brasil e "fervido" no Rio Grande do Sul; e bollito misto nas regiões da Lombardia, do Vêneto e da Emilia-Romagna. As variações da receita se devem aos tipos de carne, aos condimentos e aos molhos adotados. No Vêneto, serve-se com pearà, molho antiqüíssimo, como indica o uso do pão torrado e triturado, misturado com tutano de vitela, porco ou boi. O bollito – forma abreviada e mais freqüente – é hoje um misto de carnes cozidas de boi, ave e porco. Na maioria das vezes, leva embutidos como o cotechino e o zampone. O líquido do cozimento se constitui de água aromatizada com cebola (sozinha ou espetada com cravo-da-índia), salsão, cenoura e, conforme o gosto, salsinha com talos, grãos de pimenta-do-reino e sal. Pela riqueza de ingredientes, é prato de festa familiar ou de restaurante, em cujo salão convém fazê-lo circular a bordo de um carrinho *riscaldante*.

Ingredientes 10 PESSOAS

BOLLITO
1 kg de carne-seca (coxão-mole)
1 kg de músculo de boi
1 kg de paleta de vitela
1 cotechino
1 zampone
1 frango caipira
1 língua defumada
1 repolho
500 g de batata-doce
500 g de cenoura
1 kg de cebolinha
1 kg de batatinha
500 g de mandioquinha

CALDO
2 colheres (sopa) de óleo
1 cebola média picada
1 cenoura média picada
2 talos de salsão picados
2 folhas de louro
1 ramo de alecrim
1 ramo de tomilho
100 ml de vinho tinto seco
sal e pimenta-do-reino

PIRÃO
500 g de farinha de rosca
100 g de tutano de vitela
pimenta-do-reino

MOLHOS
2 ovos cozidos picados
1 maço pequeno de salsinha picada
50 ml de vinagre de vinho branco
250 ml de azeite de oliva extravirgem
50 g de creme de leite fresco
100 g de raiz-forte
200 g de mostarda de Cremona

Preparo | Bollito: deixe a carne-seca de molho em água por 24 horas, trocando a água diversas vezes. Limpe todas as carnes, retirando nervuras e gorduras. Limpe a língua defumada, retirando a pele mais áspera.
Caldo: num caldeirão grande, aqueça o óleo e refogue a cebola, a cenoura, o salsão e as ervas. Junte o vinho tinto. Disponha as carnes e, por cima, os legumes. Cubra com água, tempere com sal e pimenta e leve ao fogo baixo. Teste freqüentemente o ponto de cozimento dos ingredientes e retire-os do caldeirão à medida que forem ficando prontos. Quando todos os ingredientes estiverem cozidos, retire 500 ml do caldo e prepare um pirão juntando a farinha de rosca ao caldo e acrescentando o tutano e a pimenta-do-reino. Deixe cozinhar até engrossar e reserve.
Molhos: numa vasilha, misture os ovos, a salsinha picada, o vinagre, o azeite, sal e pimenta. À parte, misture o creme de leite com a raiz-forte, para deixá-la mais cremosa. Corte as frutas da mostarda de Cremona em cubos com cerca de 0,5 cm de lado.
Montagem: coloque, numa travessa grande, as carnes e os legumes e regue com um pouco do caldo do cozimento. Reserve em local aquecido. Arrume o pirão e os molhos que foram preparados à parte. Bata no liquidificador o caldo restante, retorne ao fogo e cozinhe até atingir consistência de molho. Disponha sobre as carnes e sirva acompanhado de cappelletti de vitela cozidos em caldo de carne.

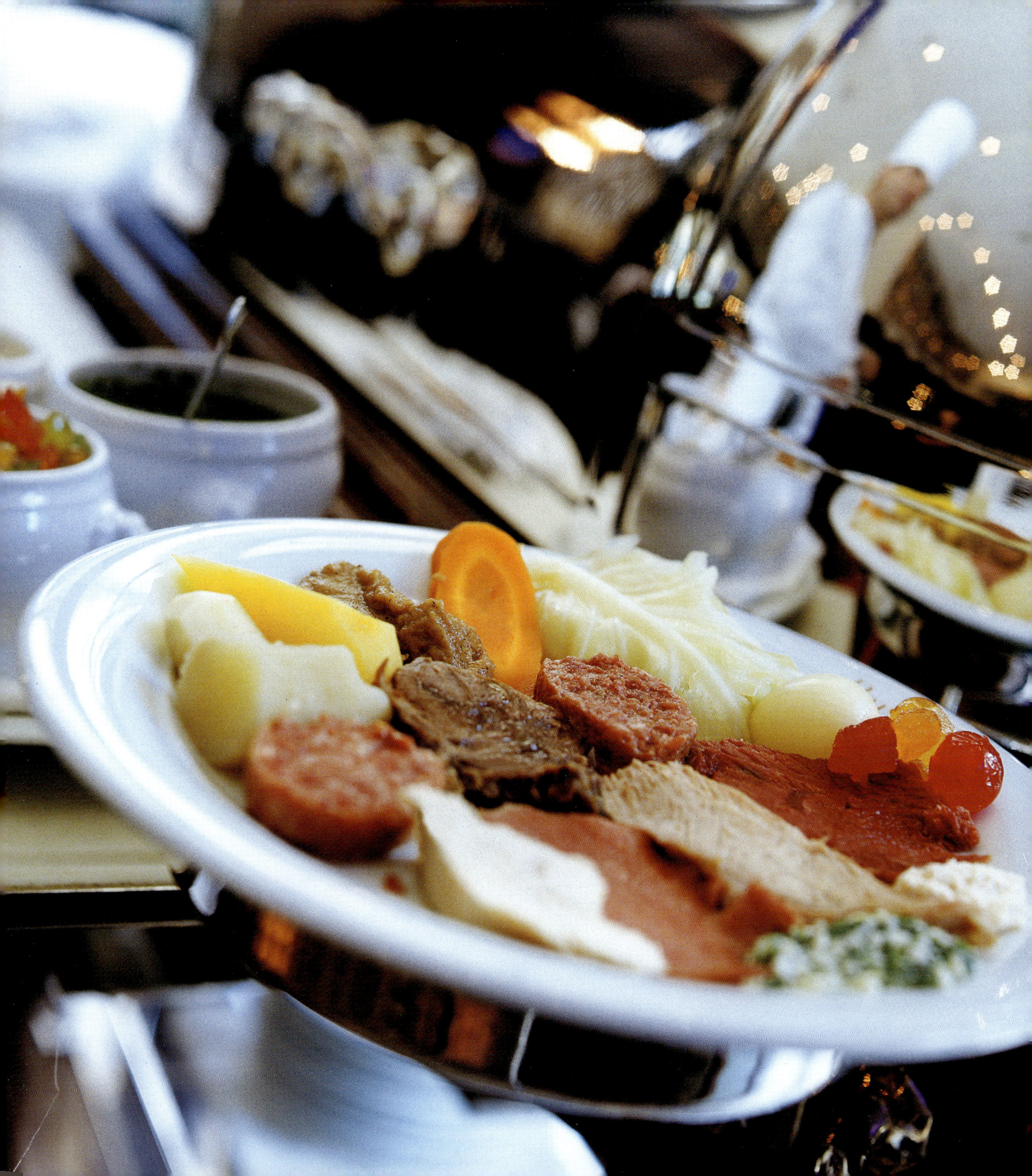

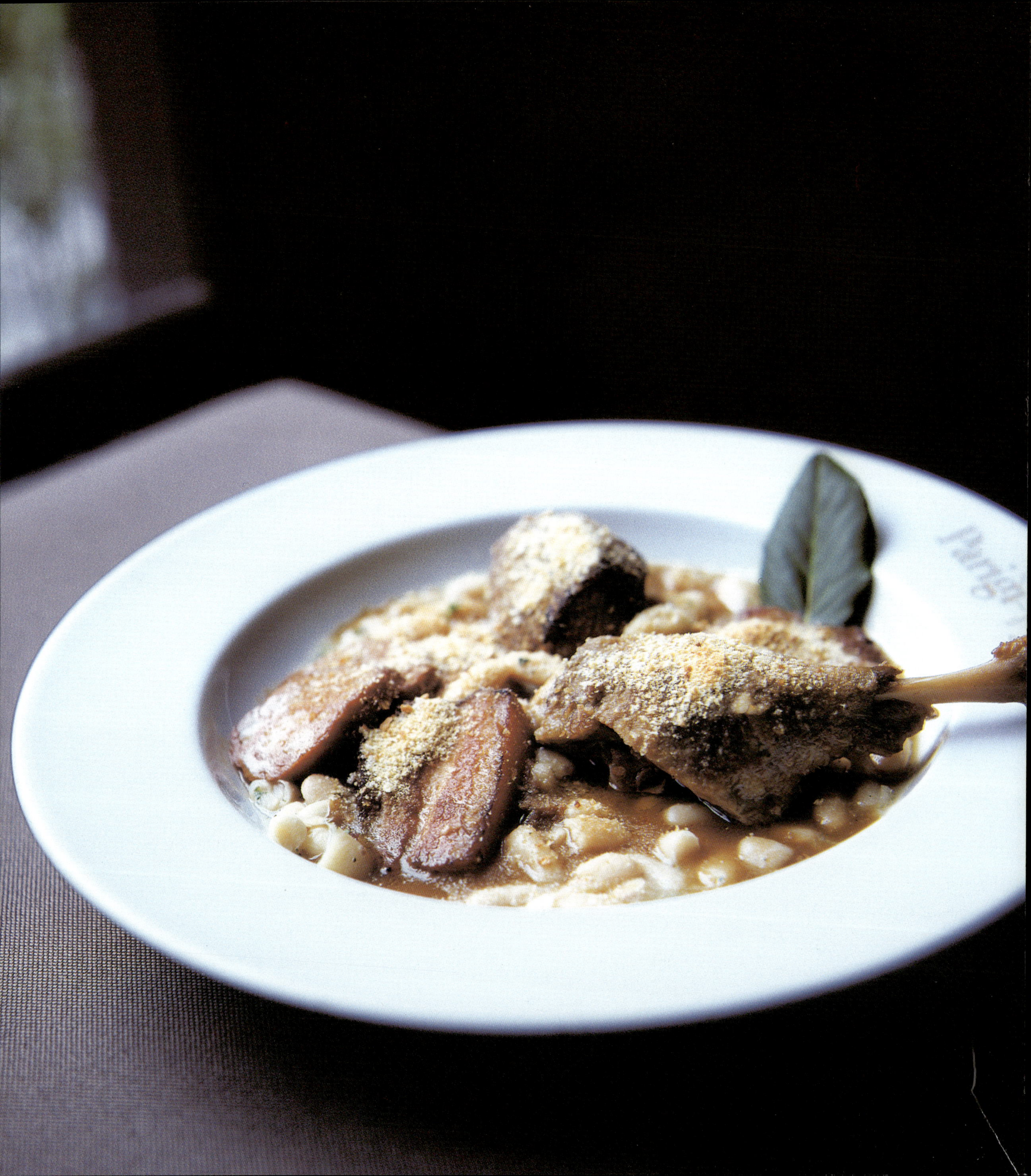

CASSOULET

Prato de combate do Languedoc, no sudoeste da França, o cassoulet, saboroso e forte, é primo-irmão da feijoada brasileira. Há algumas diferenças. A primeira é que leva necessariamente feijão-branco – e não preto. Existem outras, relacionadas ao uso de ingredientes diversos e ao fato de o cassoulet ser gratinado no forno, antes de servir. Como muitos grandes pratos, sua fórmula e sua paternidade têm provocado discussões acaloradas ao longo dos séculos. Atualmente, porém, já se reconhece o primado de Castelnaudary e a autenticidade das variantes de Carcassonne, Toulouse, Limoux e Mas-d'Azil. É uma receita muito difundida na França, mas difícil de reproduzir em outros países, pois não é fácil achar alguns ingredientes. O cassoulet de Castelnaudary usa carne salgada e pele fresca de porco, salsicha e lingüiça típica. No de Carcassonne, colocam cordeiro e, na temporada de caça, perdiz. No de Toulouse, vai cordeiro, confit de ganso e lingüiça típica. O de Limoux contém rabo de porco. O de Mas-d'Azil recebe tripas. O nome do prato deriva de *cassole*, recipiente de barro no qual é finalizado. O problema é como proceder com a crosta formada na finalização do cassoulet. A maioria concorda que, após quebrada, ela deve ser incorporada aos demais ingredientes. Mas ainda não se chegou a um consenso sobre o momento em que isso deve acontecer. As divergências são tão sérias que já provocaram ameaças de duelos.

Ingredientes 4 PESSOAS

FEIJÃO-BRANCO

500 g de feijão-branco
1 cebola média com 3 cravos espetados
1 cenoura média
1 bouquet garni com tomilho, sálvia e louro

CARNES

4 coxas de pato
500 g de gordura de pato
500 g de paleta de porco
50 g de barriga de porco
1 litro de caldo de carne (ver p. 128)
500 ml de molho rôti (ver p. 128)
2 paios
1 colher (sopa) de azeite de oliva extravirgem
sal e pimenta-do-reino

COBERTURA

1 colher (sopa) de farinha de rosca
100 g de gordura de pato

Preparo

Feijão-branco: prepare o feijão-branco seguindo as instruções da p. 96.

Confit de pato: numa panela, grelhe as coxas de pato sem o acréscimo de gordura. Junte a gordura que se formar, tempere com sal e pimenta e cozinhe em fogo bem baixo por 4 horas, ou até estar bem macia. Reserve.

Carnes de porco: limpe a paleta e corte em cubos de cerca de 1,5 cm de lado. Retire o couro da barriga e corte em tiras com cerca de 1 cm de largura por 3 cm de comprimento. Cozinhe-as junto com o paio no caldo de carne e no molho rôti, retirando-as à medida que forem ficando prontas. Corte o paio em pedaços no sentido diagonal, coloque os pedaços numa frigideira com azeite e deixe dourar dos dois lados.

Montagem: em pratos individuais, coloque uma camada de feijão-branco. Por cima, disponha decorativamente a coxa de pato e as carnes de porco. Polvilhe com a farinha de rosca misturada à gordura de pato e leve ao forno preaquecido bem quente (250°C) para gratinar. Sirva imediatamente.

SOUFFLÉ AU CHOCOLAT

A palavra francesa *soufflé* vem do verbo *souffler*, que significa soprar, respirar. Não por acaso, batiza um prato inflado e fofo. O nome soa nos ouvidos dos gulosos como um apetitoso sibilo. Na variante doce, o soufflé tem diversos ingredientes. Um deles é o chocolate, que o conquistador espanhol Hernán Cortés conheceu no México, no século 16, na corte do imperador asteca Montezuma II, e levou para a Europa. Na origem, era uma bebida amarga e fria, preparada a partir da fruta do cacaueiro, árvore nativa das regiões tropicais da América. Chamava-se *xocolatl* ("água amarga") e levava pimenta e outras especiarias. Chegando à Europa, sofreu aprimoramento. Na Espanha, perdeu a pimenta e ganhou o açúcar, a canela e a baunilha. No século 17, surgiu a primeira loja especializada em chocolate de Londres. No século 18, os franceses instalaram uma fábrica pioneira em Paris. No século 19, os holandeses desenvolveram o chocolate em pó e em barra. Ao mesmo tempo, os suíços incorporaram o leite. Surgiram grifes famosas da indústria do chocolate: Cadbury e Rowntree na Inglaterra; Menier na França; Van Houten na Holanda; Nestlé, Lindt, Suchard e Kohler na Suíça. Alimento precioso, contém poderosos nutrientes. Favorece a produção de endorfinas – os narcóticos naturais do organismo humano. Embora não exista comprovação científica de que estimule o desejo sexual, muitos povos relacionam o chocolate com o amor. Antes de se embrenhar no harém, Montezuma II consumia vários frascos da bebida que ofereceu a Cortés. O relato desse costume entusiasmou os europeus. O aventureiro e sedutor veneziano Casanova (1725-98) chamou o chocolate de "elixir do amor". O marquês de Sade (1740-1814) o introduziu numa novela obscena. Misturou chocolate com cantárida – inseto que a medicina antiga transformava em pó e indicava como afrodisíaco. A seguir, distribuiu o produto numa festa sob a forma de pastilhas. Segundo a descrição de Sade, os convidados "começaram a queimar com ardor lascivo".

Ingredientes 4 PESSOAS

500 g de chocolate meio-amargo picado
100 g de manteiga
8 ovos
150 g de açúcar
açúcar de confeiteiro para polvilhar

Preparo: derreta o chocolate com 75 g de manteiga em banho-maria. Retire do fogo e acrescente as gemas, uma a uma, misturando constantemente. Reserve. Com a manteiga restante, unte 4 forminhas refratárias de 8 cm de diâmetro e polvilhe com 50 g do açúcar. Reserve. Bata as claras em neve. Acrescente o açúcar restante e bata até atingir o ponto de neve firme. Com uma colher, retire um pouco das claras batidas e misture ao creme de chocolate frio. Em seguida, acrescente às claras restantes, misturando delicadamente. Distribua nas forminhas refratárias e leve ao forno preaquecido moderado (180°C) por 15 minutos. Retire do forno, polvilhe açúcar de confeiteiro e sirva imediatamente.

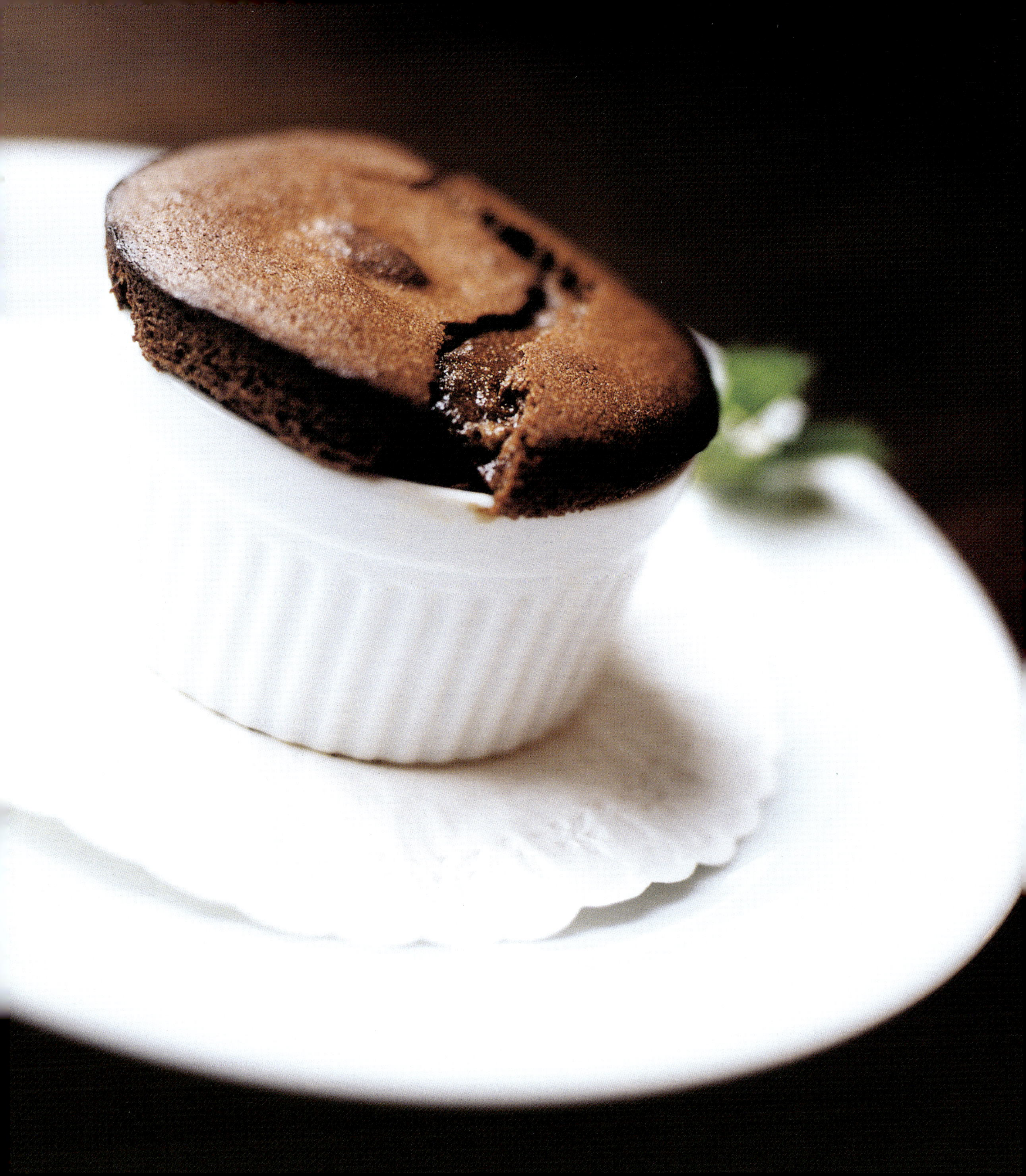

PROFITEROLES

ALL'ITALIANA

As profiteroles são bombinhas cozidas no forno, com recheio doce ou salgado. No primeiro caso, antigamente abrigavam apenas chantilly ou sorvete. Na cobertura, ia calda de chocolate ou café. Eram saboreadas sozinhas ou como guarnição ou base de elaborações requintadas. O doce francês croquembouche, tradicional nas festas de casamento ou de primeira comunhão, leva profiteroles empilhadas na forma de cone. No século 19, eram recheadas quase sempre com crème pâtissière. Antes da montagem, mergulhava-se o doce em calda de açúcar. Quando abrigam um ingrediente salgado, presunto cozido ou queijo, as profiteroles figuram ao lado de outros petits fours em coquetéis e eventos nos quais as pessoas ficam em pé. *Profiterole* é uma palavra francesa que existe pelo menos desde o século 16. Deriva de *profit*, "proveito", "lucro", "ganho". Designava "uma massa cozida sobre as cinzas". Chamava-se assim porque cresce no forno, "em proveito de quem a faz". Mas só recebeu a forma atual na década de 30. Alguns afirmam que as profiteroles viraram bombinhas para atender aos corretores financeiros de Paris, que gastavam pitadas de seus lucros devorando petits fours. Os italianos são loucos pelas profiteroles. No recheio, costumam misturar gemas batidas com açúcar, queijo mascarpone e pasta de amêndoas. Servem com sorvete de creme.

Ingredientes 4 pessoas

CALDA
250 g de chocolate em pó
500 ml de água
125 g de açúcar

RECHEIO
2 gemas, 50 g de açúcar
200 g de mascarpone
100 g de pasta de amêndoas (Nutella)

MASSA
125 g de farinha de trigo
10 g de sal
250 ml de água
125 g de manteiga
4 gemas
200 g de amêndoas fatiadas

ACOMPANHAMENTO
sorvete de creme

Preparo

Calda: numa panela, misture os ingredientes e leve ao fogo baixo, mexendo constantemente, até reduzir à metade. Reserve.
Recheio: bata as gemas com o açúcar até dobrar de volume, acrescente o mascarpone e misture bem. Adicione a pasta de amêndoas, misture e reserve.
Massa: peneire a farinha de trigo com o sal. Ferva a água com a manteiga, retire do fogo e acrescente de uma vez a farinha peneirada, misturando vigorosamente. Retorne ao fogo médio e cozinhe, mexendo sempre, até a mistura soltar do fundo. Transfira para uma batedeira e acrescente as gemas uma a uma. Unte uma assadeira e coloque pequenas porções (bolinhas) da massa de profiteroles. Por cima, disponha as amêndoas fatiadas e leve ao forno preaquecido baixo (150°C) para assar por 20 minutos. Deixe esfriar, corte ao meio e recheie com a mistura de mascarpone.
Montagem: em cada prato, coloque 2 profiteroles recheadas e 1 bola de sorvete de creme. Cubra com a calda de chocolate aquecida. Sirva imediatamente.

TIRAMISÙ

Como a maioria das receitas de sucesso, o tiramisù ou tiramisu possui inúmeras variantes. Originário do norte da Itália, provavelmente de Veneza, foi lançado no Brasil na década de 80 pelo restaurante Fasano, de São Paulo. Pouco depois, outras casas da cidade adotaram a novidade. ∼ Aparentemente, trata-se de uma variação do pavê francês. O tiramusù difundiu no Brasil o mascarpone – o queijo de pasta mole, consistência cremosa e sabor delicado, que tem cerca de 50% de gordura e lembra o leite. Feito na Lombardia, é usado não apenas na doçaria, mas também em receitas salgadas, para condimentar massas. ∼ No dialeto da região onde nasceu, tiramisù quer dizer "levante-me", "puxe-me". Em seu livro de receitas e memórias, lançado em 1998, a atriz Sofia Loren, que nasceu no sul da Itália mas também aprecia as boas criações do norte, dá uma explicação mais detalhada. "Significa que, se você estiver desanimado, essa sobremesa irá puxá-lo para cima, animar seu espírito, o corpo", diz. "Meus filhos não precisam desse tipo de ajuda, mas adoram tiramisù." ∼ Doce bastante conhecido no Brasil, seu cordão de adoradores cada vez aumenta mais. Já pode ser encontrado em todo o país.

Ingredientes 15 PESSOAS
200 g de café em pó
300 ml de água
100 ml de conhaque
12 gemas
500 g de açúcar de confeiteiro
2 kg de mascarpone
900 g de biscoito inglês
cacau em pó para polvilhar

Preparo: faça um café forte com o pó de café e a água e acrescente o conhaque. Reserve. Bata as gemas com o açúcar de confeiteiro até obter uma mistura bem clara e fofa. Bata o mascarpone gelado até obter consistência de chantilly e acrescente à mistura de gemas. Reserve.

Montagem: numa vasilha de vidro, intercale uma camada de creme de mascarpone e uma de biscoito embebido no café, começando e terminando com o creme de mascarpone. Leve à geladeira por pelo menos 4 horas. Sirva polvilhado com cacau em pó.

MILLE-FEUILLES

Muitos já tentaram se apropriar do mil-folhas, doce delicado que se compõe de inúmeras camadas de massa, finíssimas e crocantes, recheadas com chantilly ou outro creme de consistência espessa. ～ Os egípcios ensaiaram seu preparo. Acrescentavam manteiga em abundância a diversas camadas de massa fina antes de levar ao fogo. Depois do cozimento, cobriam com mel. ～ Em 1525, o Conselho de Veneza condenou o excesso de comida nas festas de casamento. Um dos doces proibidos foi uma espécie de massa folhada. No século 17, o pintor paisagista francês Claude Lorrain – que também era doceiro de primeira e cujos quadros luminosos fascinaram os impressionistas no século 19 – causou polêmica ao se dizer inventor da sobremesa. Na mesma época, já se conhecia a massa folhada espanhola, cuja elaboração era semelhante à atual. ～ Mesmo assim, alguns livros atribuem a autoria oficial do mil-folhas ao confeiteiro francês Jean Rouget, também no século 17. Ele teria usado manteiga demais numa receita de brioches e procurou contornar o erro trabalhando a massa, ou seja, dobrando e desdobrando. Quando a tirou do forno, levou um susto: constatou que o excesso de gordura criara uma massa ricamente folhada, donde o nome mil-folhas. ～ Usa-se a preparação em vários doces nacionais. Na Alemanha, dá origem ao apfelstrudel. Na Grécia e em países do Oriente Médio, faz-se o baklava. A Rússia emprega a massa folhada em doces e salgados. ～ O mil-folhas pode ser recheado com frutas frescas. Nesse caso, torna-se uma sobremesa bonita, ideal para a primavera e o verão. Na superfície, uma camada de glacê ou açúcar de confeiteiro pulverizado completa o acabamento de um doce para comer com os olhos.

Ingredientes 10 PESSOAS

MASSA

1,25 kg de farinha de trigo
25 g de sal
15 g de açúcar
75 g de manteiga em temperatura ambiente
2 litros de água
750 g de manteiga gelada
100 g de açúcar de confeiteiro

CREME

1 litro de leite
2 favas de baunilha
12 gemas
300 g de açúcar
50 g de farinha de trigo

Preparo |

Massa: misture a farinha de trigo, o sal, o açúcar e a manteiga na tigela grande da batedeira e bata em velocidade média. Aos poucos, acrescente a água até a massa ficar bem incorporada. Coloque a manteiga gelada entre duas folhas de papel-manteiga e, com um rolo, abra um retângulo com cerca de 1 cm de altura. Numa bancada polvilhada com farinha de trigo, abra a massa num retângulo com 0,5 cm de altura, 3 vezes maior que a placa de manteiga. Coloque no centro a manteiga gelada, dobre a massa como um envelope e abra com o rolo até voltar ao tamanho original. Dobre novamente e leve à geladeira por 1 hora. Repita mais 5 vezes essa operação de dobrar a massa. Abra a massa, deixando-a com cerca de 0,3 mm de espessura. Coloque numa assadeira e polvilhe com metade do açúcar de confeiteiro. Leve ao forno preaquecido baixo (150°C) por 30 minutos. Reserve.

Creme: aqueça o leite com as favas de baunilha. Bata as gemas com o açúcar e a farinha de trigo até triplicar o volume. Descarte as favas e aos poucos acrescente o leite aquecido à mistura de gemas, mexendo sempre. Leve a mistura de volta ao fogo baixo, mexendo constantemente, por cerca de 20 minutos, até engrossar. Deixe esfriar.

Montagem: corte a massa folhada em retângulos. Monte o mil-folhas alternando a massa folhada e o creme em 3 camadas. Finalize com a massa folhada. Polvilhe com o açúcar de confeiteiro restante e sirva imediatamente.

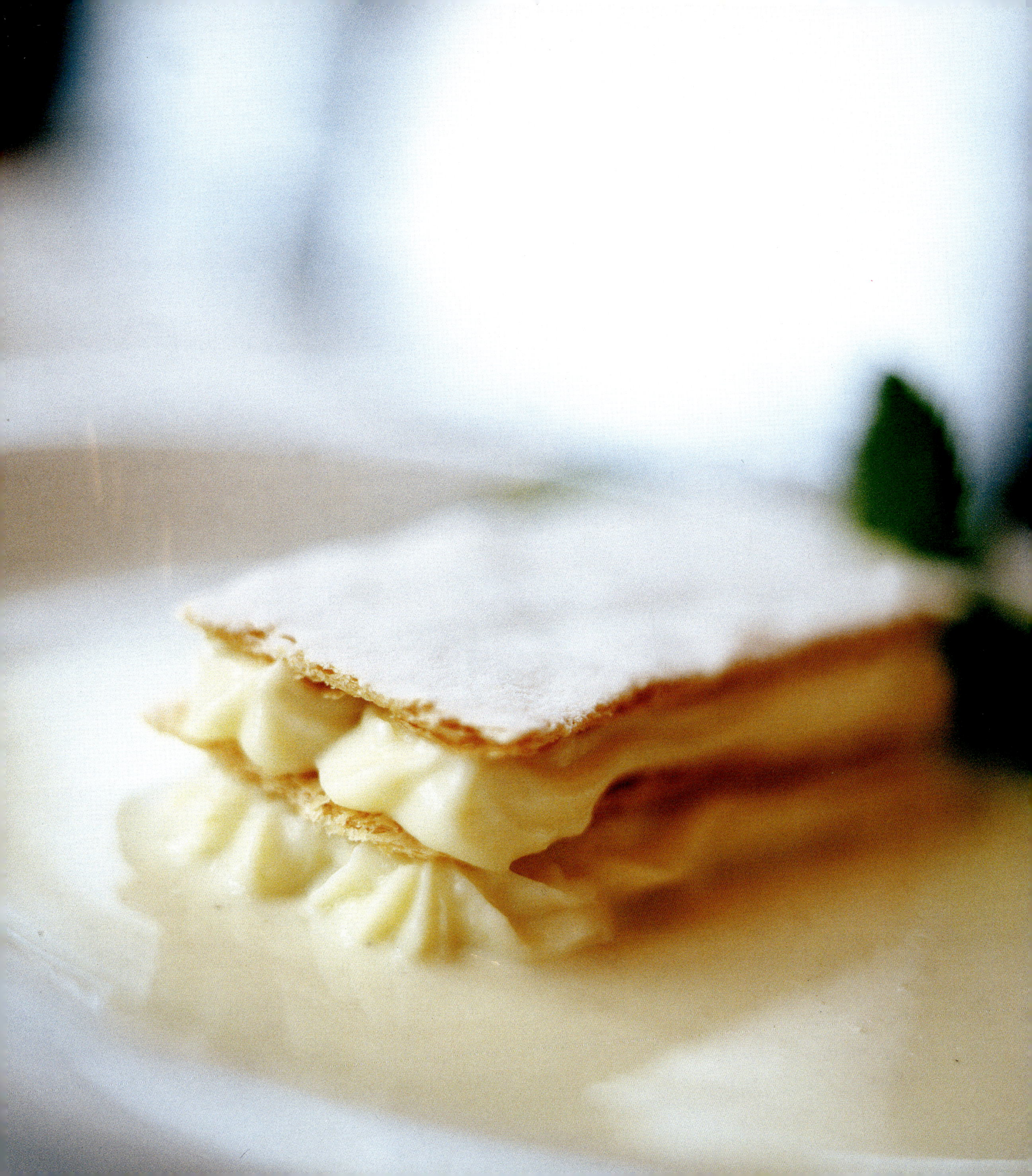

CRÈME BRÛLÉE

Nunca se chegará a um acordo sobre o país que inventou essa sobremesa à base de leite, gemas e açúcar, com superfície deliciosamente caramelizada e crocante. Mas há quem suspeite ter sido Portugal, que possui há séculos uma preparação semelhante com o nome de leite-creme. Fruto abençoado de sua doçaria conventual, é típico da Beira Alta – embora existam variantes em outras regiões, inclusive nos Açores e Madeira – e teria surgido para evitar um desperdício. A elaboração do vinho exigia enorme quantidade de claras, utilizadas para precipitar as partículas que turvavam a bebida. Sobravam as gemas, que os vinhateiros mandavam aos conventos e as freiras aproveitavam na cozinha. Essa também é origem de tantos outros doces portugueses à base de ovos. Outro país que reivindica a autoria da sobremesa é a Espanha: sua crema catalana ou crema de Sant Josep, aromatizada com limão e canela, também se parece com a crème brûlée. Os espanhóis da Catalunha sustentam que a receita francesa saiu da sua. A tradição manda que no dia de São José, 19 de março, seja feita pela avó ou tia solteira que viva com a família. Muitos catalães continuam a respeitar esse ritual e, por isso, só comem o doce uma vez por ano. Outra maneira de saborear a crema catalana é no recheio de maçãs. A crème brûlée (que os franceses ainda chamam caramélisée) seria igualmente aparentada à crème anglaise, preparação básica da cozinha clássica. Na verdade, talvez estejamos diante de uma receita de criação conjunta, isto é, desenvolvida em diferentes países.

Ingredientes 6 PESSOAS

600 ml de leite
600 ml de creme de leite fresco
200 g de açúcar
4 ovos e 6 gemas
raspa de 1 limão
açúcar para polvilhar

Preparo: coloque todos os ingredientes numa panela e leve ao fogo brando, mexendo sempre até amornar. Despeje em forminhas refratárias individuais e leve ao forno preaquecido moderado (180°C) em banho-maria por cerca de 20 minutos, até que o creme esteja firme. Deixe esfriar e leve à geladeira. Antes de servir, polvilhe a superfície com açúcar e queime com um maçarico especial para cozinha.

SORBET AU CITRON

Em italiano se diz *sorbetto*. Em francês, *sorbet*. Em português, pela dificuldade da tradução, tomamos emprestadas as duas palavras. Preparação congelada semidensa, é feita com água, açúcar e polpa ou suco de uma fruta, vinho ou licor. Distingue-se do sorvete – que os italianos chamam de *gelato* e os franceses de *glace* – porque não leva leite nem ovos.

Parece ser o mais antigo doce gelado: há mais de 2 mil anos, os romanos já faziam sorbetto. Recolhiam gelo da neve caída no jardim e misturavam com mel, frutas e plantas aromáticas. Usa-se o sorbetto no meio das refeições constituídas de vários pratos, na função de *trou normand* (buraco normando), aquela trégua que prepara o estômago para acolher os próximos alimentos, em geral mais robustos. Antigamente, logo após a entrada, tomava-se um cálice de calvados, *eau-de-vie* de cidra de elevado teor alcoólico, típica da Normandia. Daí a expressão *trou normand*. Mais tarde, por ser mais leve e charmoso, o sorbetto ocupou o lugar do calvados. Também é oferecido no final da refeição ou num bufê requintado, em lugar do sorvete. Deve ser oferecido em copo de pé alto previamente gelado. Dependendo do gosto, pode ser enriquecido com bebida destilada, seca ou doce, feita com álcool de fruta ou não, champanhe ou espumante. As combinações freqüentes são vodca no sorbetto de limão, champanhe rosé no de framboesa, conhaque no de laranja, kirsch no de abacaxi, poire no de pêra, licor de frutas no de manga. No Vêneto, faz-se o *sgroppino*. *Sgroppare* significa descadeirar, portanto, *sgroppino* seria "descadeiradinha". Bate-se o sorbetto de limão com vodca até tornar-se líquido, mas denso. Na hora de servir, acrescenta-se o prosecco.

Ingredientes 4 PESSOAS
400 ml de água
200 g de açúcar
6 g de liga neutra e 4 g de fabsoft (encontrados em casas de material para sorveterias)
220 ml de suco de limão
110 g de claras
40 g de açúcar

Preparo: numa panela, misture a água e o açúcar e leve ao fogo baixo até obter uma calda em ponto de bala mole (cerca de 15 minutos). Reserve. Em outra vasilha, misture a liga neutra, o fabsoft e o suco de limão. Acrescente a calda e coloque na máquina de sorvete, seguindo as recomendações do fabricante. Bata as claras com o açúcar em neve firme. Interrompa o processo da máquina de sorvete um pouco antes do normal. A mistura deve ficar menos consistente. Misture delicadamente o sorvete e as claras em neve. Sirva imediatamente.

BACCARA

Acredita-se que essa sobremesa surgiu num cassino qualquer, preparada por um pâtissier francês. Há duas razões para isso. A primeira é ter o nome do bacará, o jogo de carteado, também de origem francesa, no qual tomam parte um banqueiro e vários jogadores. A outra é que realmente o doce freqüenta os cassinos elegantes do mundo. Um deles funciona no luxuoso hotel La Mamounia, em Marrakech, no Marrocos, projetado em 1922 junto ao paradisíaco jardim de Moulay Mamoun – donde o nome –, filho dileto de um sultão do século 18. ~ No mesmo edifício, funcionam dois restaurantes, o Le Marocain e o Marrakech l'Imperiale. Têm comida divina, e a pâtisserie, com influência francesa e espanhola, entusiasma a clientela. Ali, o doce baccara já foi servido a hóspedes famosos, como o ator Tom Cruise e o cantor Elton John. Ambos saborearam um pão de ló cuja massa harmoniza os sabores do chocolate e da avelã. ~ Na montagem, corta-se a massa no sentido longitudinal, alternando com camadas de ganache – célebre creme de invenção francesa. Os livros definem ganache como "uma maneira de tornar o chocolate cremoso". Confirmamos esse efeito sempre que a comemos. A confeitaria usa ganache em bolos, bombons e petits fours. Chocolateiros europeus a aromatizam com especiarias, frutas, café ou chá. O Parigi serve o baccara com calda de café.

Detalhe da decoração do hotel La Mamounia de Marrakech

Ingredientes 10 PESSOAS

CALDA DE CAFÉ
6 gemas
150 g de açúcar
500 ml de leite
1 fava de baunilha
4 colheres (sopa) de café solúvel

BACCARA
12 ovos separados
250 g de açúcar
250 g de cacau em pó
200 g de avelãs trituradas
250 g de farinha de trigo

CREME DE CHOCOLATE
1,5 kg de chocolate meio-amargo picado
1 litro de leite
300 g de manteiga
250 g de creme de leite fresco

Preparo | **Calda de café:** bata as gemas com o açúcar até triplicar de volume. Reserve. Ferva o leite com a fava de baunilha e o café solúvel, descarte a fava e acrescente aos poucos à mistura de gemas, mexendo sempre. Retorne ao fogo médio e mexa constantemente até atingir consistência de calda (cerca de 15 minutos). Reserve.
Baccara: misture as gemas com 200 g do açúcar, o cacau, as avelãs, a farinha de trigo e reserve. Bata as claras em neve, acrescente o açúcar restante e continue batendo até atingir o ponto de neve firme. Misture as claras batidas com o creme de avelãs, despeje numa assadeira previamente untada e asse em forno preaquecido moderado (180°C) por cerca de 20 minutos.
Creme de chocolate: numa panela, misture o chocolate e os demais ingredientes e leve ao fogo moderado até que o chocolate esteja derretido e incorporado ao leite. Reserve.
Montagem: forre uma fôrma de bolo inglês com papel-manteiga. Corte a massa em fatias do tamanho da fôrma. Reserve. Faça camadas com o creme de chocolate e as fatias de massa, começando e terminando com o creme de chocolate. Leve à geladeira por 24 horas. Corte fatias de cerca de 1 cm de espessura, coloque em pratos individuais e sirva acompanhado da calda de café.

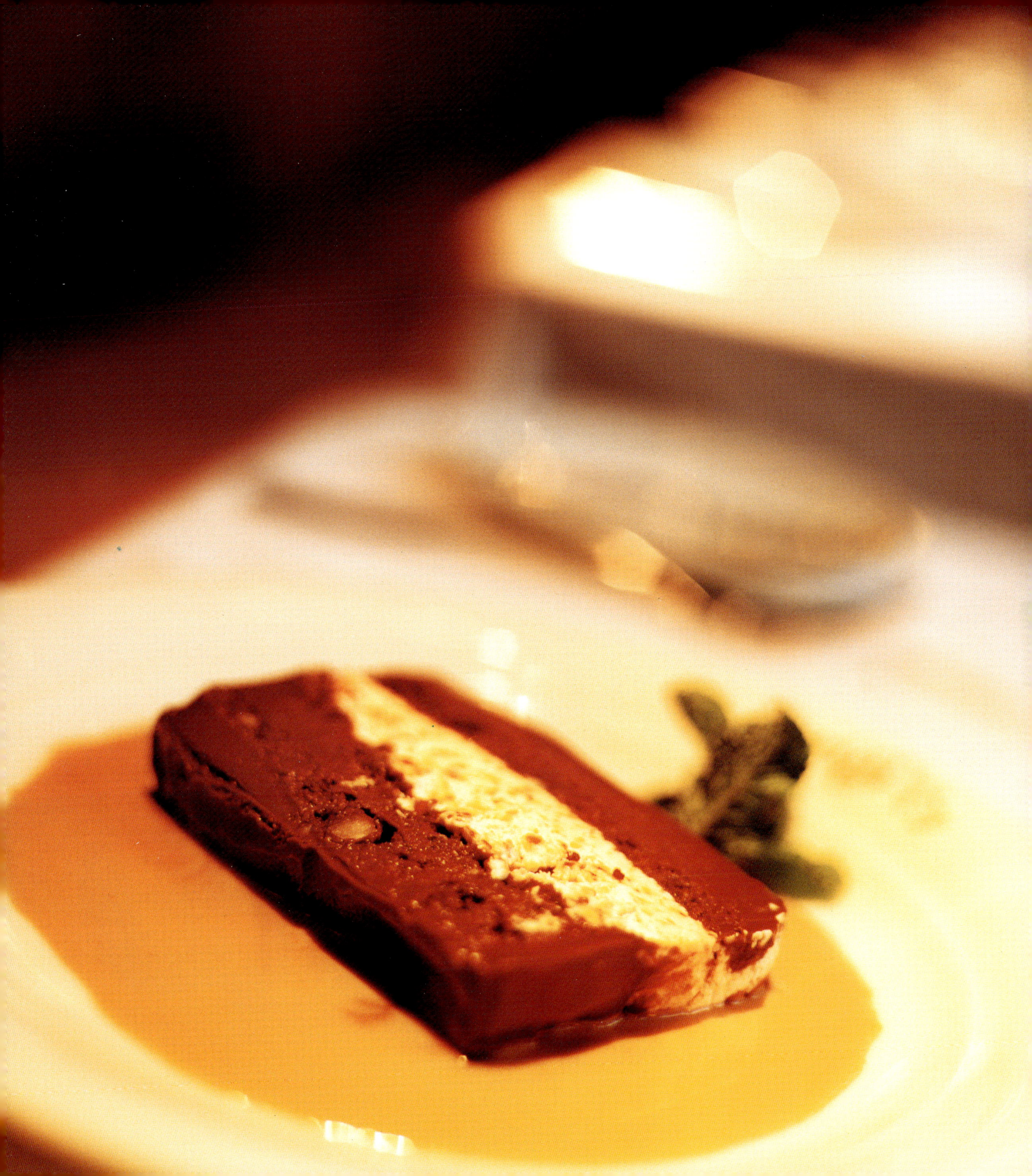

TARTE TATIN

Qualquer bistrô da França possui entre suas sobremesas a tarte Tatin. Não é doce antigo para os padrões daquele país. No final do século 19, uma hoteleira da pequena localidade de Lamotte-Beuvron, na região da Sologne, foi passear em Paris, a 172 quilômetros de distância. Ali namorou um rapaz chamado Eugène Cornuché, maître de uma casa de chás, cafés, sorvetes e petit fours. Pouco tempo depois, funcionaria no local o célebre restaurante Maxim's. ∼ Num dos encontros, ela revelou ao namorado um segredo de cozinha: o restaurante do Hôtel Tatin et Terminus, que possuía com a irmã em Lamotte-Beuvron, fazia uma torta de maçã diferente. O doce chegava à mesa com a fruta em cima da massa, ou seja, de cabeça para baixo. O maître ouviu a receita e a transmitiu ao chef Henri Chaveau. Assim, a tarte Tatin ingressou no cardápio da casa e, a seguir, do Maxim's, de onde nunca mais saiu. ∼ Servida quente com chantilly ou acompanhada de sorvete, a tarte Tatin alia o gosto do caramelo ao sabor das maçãs cozidas em manteiga. ∼ Diferentes histórias explicam sua origem. Uma delas conta que o restaurante do Hôtel Tatin tinha apenas um fogão muito antigo, sem forno, e que a única maneira de cozinhar ali uma torta de maçã era cobri-la com uma redoma metálica. O problema era que, se a massa estivesse em cima, ficaria pronta antes da fruta. Além disso, seria má condutora de calor. Por isso, inverteu-se a torta de maçã. ∼ Há quem acredite que as irmãs Tatin tenham na verdade popularizado uma velha receita: a tarte *renversée* é antiga especialidade da Sologne. ∼ Costuma ser feita com maçã, fruta abundante na região, ou pêra. O importante é usar uma variedade de textura firme, que não se desfaça durante o cozimento. ∼ O Hôtel Tatin ainda existe em Lamotte-Beuvron e funciona junto à estação ferroviária.

Ingredientes 4 PESSOAS

TORTA
100 g de açúcar, 50 g de manteiga e 2 maçãs
30 g de massa folhada (ver p. 120)

ACOMPANHAMENTO
sorvete de creme

Preparo: numa panela, em fogo moderado, derreta o açúcar com a manteiga até atingir ponto de caramelo (não deixe escurecer muito). Descasque e corte as maçãs em fatias. Corte a massa folhada crua em discos de 15 cm de diâmetro. Em formas refratárias individuais de 12 cm de diâmetro, coloque o caramelo, as fatias de maçã e, por cima, a massa folhada. Leve ao forno preaquecido quente (220°C) até a massa estar assada (cerca de 25 minutos). Retire do forno, desenforme em pratos individuais e sirva imediatamente, acompanhada de sorvete de creme.

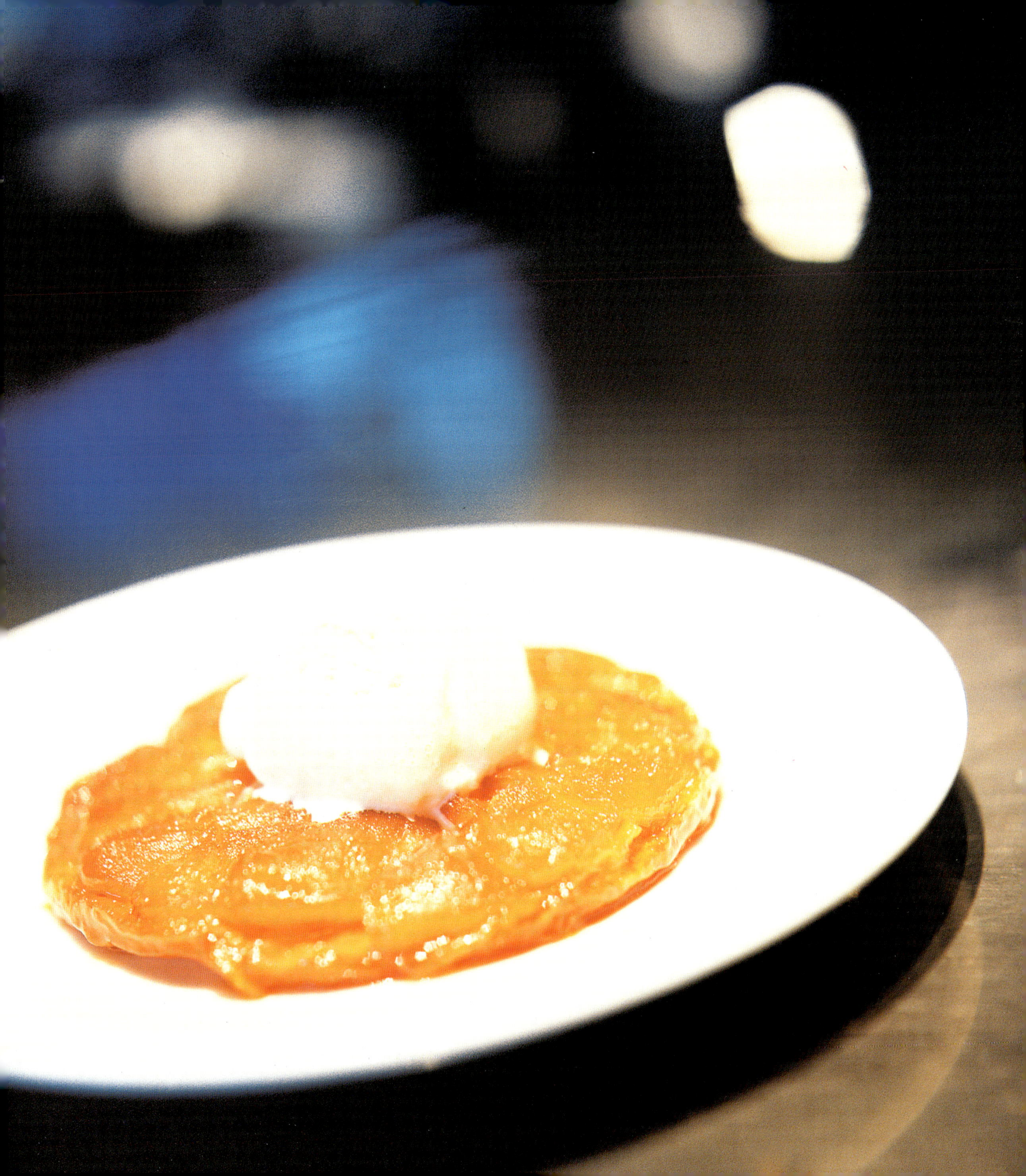

RECEITAS BÁSICAS

Molho roti

Ingredientes

1 kg de aparas de vitela e frango
50 ml de óleo de milho
1 cebola grande picada
1 cenoura grande picada
2 talos de salsão em pedaços
10 dentes de alho picados
50 g de manteiga
50 g de farinha de trigo
500 ml de vinho tinto
100 ml de molho inglês
20 g de açúcar
1 bouquet garni (1 talo de tomilho, 1 louro e 1 talo de manjericão amarrados com barbante)
sal e pimenta-do-reino

Preparo: coloque as aparas de vitela e frango numa assadeira com o óleo de milho e leve ao forno preaquecido moderado (180°C) por aproximadamente 1 hora ou até dourarem. Junte a cebola, a cenoura, o salsão e o alho à carne na assadeira e retorne ao fogo por mais 30 minutos. Enquanto a carne está no forno, coloque a manteiga numa panela e leve ao fogo. Quando derreter, junte a farinha e misture bem. Acrescente o vinho e o molho inglês e ferva por cerca de 1 hora. Numa panela grande, coloque o açúcar e deixe formar um caramelo. Junte as aparas de carne com os legumes, o roux de vinho tinto e o bouquet garni. Leve ao fogo forte para ferver, abaixe o fogo e ferva por cerca de 12 horas. Coe, tempere com sal e pimenta-do-reino e sirva imediatamente.

Alho confit

Ingredientes

12 dentes de alho graúdos com casca
150 ml de azeite extravirgem
1 ramo de alecrim
1 ramo de tomilho
sal e pimenta-do-reino

Preparo: coloque todos os ingredientes numa panela e leve ao fogo alto, quando ferver, diminua a chama e cozinhe por cerca de 10 minutos ou até as cascas ficarem douradas. Retire do fogo, tempere com sal e pimenta-do-reino e reserve.

Caldo de carne

Ingredientes

1 kg de aparas de vitela ou de frango
1 cebola grande
1 cenoura em pedaços
3 talos de salsão
5 ovos
20 g de açúcar
1/2 garrafa de vinho branco seco
1 bouquet garni de tomilho, louro e manjericão
sal e pimenta-do-reino

Preparo: coloque em uma panela grande de cerca de 10 litros o açúcar e leve ao fogo até formar um caramelo suave. Acrescente a carne, a cebola, a cenoura, o salsão, o vinho e os temperos. Acrescente água até quase encher a panela. Leve ao fogo forte para ferver. Separe as claras e bata em ponto de neve firme e despeje sobre o caldo fervente (esta espuma fará com que todas as impurezas do caldo fixem-se nela). Complete com água, baixe o fogo e cozinhe por cerca de 2 horas. Coe e reserve.

Caldo de peixe

Ingredientes

1 kg de aparas de peixe de carne branca
1 cebola grande
1 cenoura em pedaços
3 talos de salsão
1/2 garrafa de vinho branco seco
1 bouquet garni de tomilho, louro e manjericão
sal e pimenta-do-reino

Preparo: coloque em uma panela grande, de cerca de 10 litros o peixe, a cebola, a cenoura, o salsão, o vinho e os temperos. Acrescente água até quase encher a panela. Leve ao fogo forte para ferver. Baixe o fogo e cozinhe por cerca de 30 minutos. Coe e reserve.

ÍNDICE DE RECEITAS

Antipasti
carpaccio 40
terrine de saumon et asperges 42
terrine de foie gras maison gelée au porto 46
escargots à la bourguignonne 48
insalata alla caprese 50
salade au fromage de chèvre chaud 51
blini au saumon (crème moscovite) 52
soufflé au fromage de chèvre frais 54

Minestre e polente
soupe à l'oignon 55
polenta au camembert 56

Paste e risotti
gnocchi alla romana 58
tortelloni mantovano 60
casoncelli all'ampezzana 62
trenette al pesto 64
risotto ai funghi porcini 66
risotto di pernice con radicchio rosso 68

Pesci
filé de sole farcie aux herbes 70
loup de mer sauce béarnaise 74
haddock poché 76
crevettes à la provençale 77

Carni e poltrami
coq au vin 78
confit de canard 80
canard à l'orange 82
canard à la presse 84
steak tartare 86
cosciotto 88
filet au poivre 90
tournedos rossini 92
médaillon dijonnaise 94
gigot d'agneau à la bretonne 96
cotoletta di vitello alla milanese 98
boeuf à la bourguignonne 100
ossobuco di vitella alla meneghina 102
blanquette de veau 104
scaloppine al marsala 106
rognon sauce madère 110
grand bollito misto 112
cassoulet 115

Dolci
soufflé au chocolat 116
profiteroles all'italiana 118
tiramisù 119
mille-feuilles 120
crème brûlée 122
sorbet au citron 123
baccara 124
tarte tatin 126

Receitas básicas
molho rôti 128
alho confit 128
caldo de carne 128
caldo de peixe 128

Dados Internacionais de Catalogação na Publicação (CIP)
(Câmara Brasileira do Livro, SP, Brasil)

Lopes, Dias
　　Parigi / Dias Lopes. – São Paulo: DBA Artes Gráficas

ISBN: 85-7234-239-7
1. Culinária 2. Gastronomia I. Título.

01-5156　　　　　　　　　　　　　　　　　　　　　　　　CDD-641.5

Índices para catálogo sistemático:

1. Culinária　　641.5
2. Receitas Culinárias　641.5

Impresso no Brasil
1ª reimpressão

DBA Dórea Books and Art
al. Franca, 1185 cj. 31/32
01422-001 São Paulo SP
tel.: (11) 3062 1643 fax: (11) 3088 3361
dba@dbaeditora.com.br